dtv

Die Tonkunst ist den Dichtern seit jeher eine Quelle der Inspiration. In dieser Anthologie sind rund achtzig der schönsten Musikgedichte vom Barock bis in die Gegenwart versammelt. Sowohl altbekannte Verse als auch Neuentdeckungen künden von der innigen Verbindung zwischen Poesie und Musik und geben Einblick in die faszinierende Welt der Klänge.
Ein ideales Geschenkbuch für Freunde der Musik und alle, die sich an der musikalischen Dichtung erfreuen möchten.

*Mathias Mayer* ist Professor für Neuere Deutsche Literaturwissenschaft an der Universität Augsburg. Er hat bei dtv bereits mehrere erfolgreiche Lyrik-Anthologien herausgegeben.

# Musikgedichte

Herausgegeben
von Mathias Mayer

Deutscher Taschenbuch Verlag

Vom Herausgeber Mathias Mayer
sind im Deutschen Taschenbuch Verlag erschienen:
Gedichte für einen Regentag (20563)
Gedichte für einen Sonnentag (20705)
Gedichte für eine Mondnacht (20859)



FSC
www.fsc.org
MIX
Papier aus verantwortungsvollen Quellen
FSC® C019821

Originalausgabe 2011
Deutscher Taschenbuch Verlag GmbH & Co. KG,
München

Umschlagkonzept: Balk & Brumshagen
Gesetzt aus der Bembo 10/12·
Gesamtherstellung: Druckerei C. H. Beck, Nördlingen
Gedruckt auf säurefreiem, chlorfrei gebleichtem Papier
Printed in Germany · ISBN 978-3-423-13943-4

# Inhalt


Johann Wolfgang Goethe: Aussöhnung .............. 9
Karl Krolow: Musik .............................. 10
Christian Morgenstern: Der Urton ................ 11
Achim von Arnim: Melodie ........................ 14
Klaus Groth: Wie Melodien zieht es mir .......... 15
Joseph von Eichendorff: Abendständchen .......... 16
Hermann Hesse: Feierliche Abendmusik ............ 18
Abraham a Santa Clara: Nachtmusikanten .......... 22
Erich Kästner: Nachtgesang des Kammervirtuosen ... 25
Tom Schulz: Nachtstück .......................... 26
Emanuel Geibel: Für Musik ....................... 28
Gotthold Ephraim Lessing: An die Leier .......... 29
Johann Wilhelm Ludwig Gleim: An seine Leier ...... 31
Johann Gaudenz von Salis-Seewis: Abschied von der Harfe ........................ 32
Eduard Mörike: An eine Äolsharfe ................ 34
Ludwig Uhland: Die Harfe ........................ 36
Nikolaus Lenau: An meine Guitarre ............... 38
Johann Friedrich von Cronegk: An die Laute ...... 41
Friedrich Theodor Vischer: Der Geiger ........... 44
Hermann Hesse: Eine Geige in den Gärten ......... 45
Christian Daniel Schubart: Serafina an ihr Klavier .... 46
Friedrich Schiller: Laura am Klavier ............ 49
Franz Grillparzer: Als sie, zuhörend, am Klavier saß .. 52
Eduard Mörike: Auf einen Klavierspieler ......... 55
Else Lasker-Schüler: Mein blaues Klavier ........ 56

Gottlieb Konrad Pfeffel: Die Flötenspieler ........... 57
Hermann Hesse: Flötenspiel ........................ 59
Werner Bergengruen: Die Flöte ..................... 60
Georg Trakl: Trompeten ............................ 62
Paul Celan: Die Posaunenstelle .................... 63
Joseph von Eichendorff: Kurze Fahrt ............... 64
Justinus Kerner: Alphorn .......................... 65
Rainer Maria Rilke: Gong .......................... 66
Georg Trakl: Musik im Mirabell .................... 68
Friedrich Nietzsche: Venedig ...................... 69
Christoph Michel: Benefiz-Konzert ................. 70
Oskar Loerke: Pansmusik ........................... 72
Ingeborg Bachmann: Dunkles zu sagen ............... 75
Georg Trakl: Passion .............................. 77
Rainer Maria Rilke: Sonette an Orpheus, I ......... 79
Ludwig Tieck: Arion ............................... 80
Rainer Maria Rilke: David singt vor Saul .......... 84
Wilhelm Müller: Der Leiermann ..................... 87
Adelbert von Chamisso: Der Spielmann .............. 88
Heinrich Heine: Der Apollogott .................... 90
Friedrich Hebbel: Der blinde Orgelspieler ......... 99
Rose Ausländer: Bachfuge .......................... 100
Johannes Bobrowski: Mozart ........................ 101
Nikolaus Lenau: Beethovens Büste .................. 103
Gottfried Benn: Chopin ............................ 108
Carl Zuckmayer: Chopin: Barcarole de Venise ....... 111
Karl Kraus: Offenbach ............................. 112
Friederike Mayröcker: Schostakowitsch ............. 113
Novalis: Walzer ................................... 114

Ingeborg Bachmann: Schwarzer Walzer ............ 115
Hermann Hesse: Valse brillante .................... 117
Gottfried Benn: Valse triste ........................ 118
Ernst Bertram: Die Fuge ............................. 121
Marie Luise Kaschnitz: Sonate ..................... 123
Karl Kraus: Operette ................................... 124
Heinrich Heine: Doktrin ............................... 125
Hermann Hesse: Berceuse ........................... 126
Else Lasker-Schüler: Fortissimo .................. 127
Theodor Storm: Duett ................................. 129
Georg Trakl: Rondel ................................... 131
Oda Schaefer: Rondo .................................. 132
Günter Ullmann: Jazz .................................. 133
Hans Magnus Enzensberger: Middle Class Blues ..... 134
Christian Daniel Schubart: An die Tonkunst ........ 136
Friedrich Gottlieb Klopstock: Die Musik ........... 139
Gotthold Ephraim Lessing: Die Musik .............. 141
Franz von Schober: An die Musik .................. 142
Heinrich Heine: Jung-Katerverein für Poesie-Musik .. 143
Detlev von Liliencron: An die Musik ............... 148
Hugo von Hofmannsthal: »Zukunftsmusik« .......... 149
Wilhelm Waiblinger: Die Töne ..................... 150
August Stöber: Die Tonleiter ....................... 152
Joseph von Eichendorff: Intermezzo ............... 154
Rüdiger Görner: Musik ................................ 155

Nachwort ................................................ 159
Quellennachweis ........................................ 163

## Johann Wolfgang Goethe
## 1749–1832

### Aussöhnung

Die Leidenschaft bringt Leiden! – Wer beschwichtigt
Beklommnes Herz das allzuviel verloren?
Wo sind die Stunden, überschnell verflüchtigt?
Vergebens war das Schönste dir erkoren!
Trüb' ist der Geist, verworren das Beginnen;
Die hehre Welt wie schwindet sie den Sinnen!

Da schwebt hervor Musik mit Engelschwingen,
Verflicht zu Millionen Tön' um Töne,
Des Menschen Wesen durch und durch zu dringen,
Zu überfüllen ihn mit ew'ger Schöne:
Das Auge netzt sich, fühlt im höhern Sehnen
Den Götter-Wert der Töne wie der Tränen.

Und so das Herz erleichtert merkt behende
Daß es noch lebt und schlägt und möchte schlagen,
Zum reinsten Dank der überreichen Spende
Sich selbst erwidernd willig darzutragen.
Da fühlte sich – o daß es ewig bliebe! –
Das Doppel-Glück der Töne wie der Liebe.

## Karl Krolow
## 1915–1999

### Musik

Musik: das ist Gesumm
von drüben, verstehst du?
Du hängst noch etwas herum.
Dann gehst du.

Musik: das heißt, ich warte,
daß es brennt,
setze auf eine Karte,
was man »alles« nennt.

Eine Briefstelle lang
dieser Sound, der dich schmeißt,
daß du nichts als den Drang
hast, der aufreißt

ein Mädchen, einen Blick.
Musik, das ist Gesumm
von drüben, ein Todestrick.
Und du hängst weiter herum.

## Christian Morgenstern
## 1871–1914

### Der Urton

Fernher schwillt
eines Dudelsacks
einförmig-ewigwechselnde
Melodie:
Unaufhörlich
hebt und senkt sich
über dem Urton
ihr unerfaßliches Spiel.

* *

Auf dem ehernen Tische
Unendlichkeit
liegt unermeßlicher Sand gebreitet.
Da streicht ein Bogen
die Tafel an:
*Einen Ton*
schwingt und klingt
die fiebernde Fläche.
Und siehe!
Der Sand
erhebt sich und wirbelt
zu tausend Figuren.

Aus ihnen,
den tanzenden
tönenden
glühenden
schlingen sich Tänze,
binden sich Chöre,
winden sich Kränze,
umringen sich,
fliehen sich,
finden sich wieder.

Aber das Spiel
der Formen, Farben und Töne
durchbrummt
unaufhörlich,
beherrscht
fürchterlich – unerfaßlich
der tiefe Urton.

* *

fern verschwillt
des Dudelsacks
einförmig-ewigwechselnde
Melodie.
Dorf, Wald, Welt
versinkt mir
schweigend
in Nacht.

## Achim von Arnim
## 1781–1831

### Melodie

An Fräulein von Hügel

Auch Melodie ist irdisch wandelbar,
Dieselben Noten bleiben nicht dieselben,
Aus einer Kehle klingt sie ernst und klar
Und kann die Luft zu einer Kirche wölben;
In andrer Kehle schwankt sie wie ein Meer,
Auf dem Sirenen lockend mich umringen.
Aus ganzer Seele singt, sonst ist sie leer,
Ich lasse mich von beider Art bezwingen.

## Klaus Groth
## 1819–1899

### Wie Melodien zieht es mir

Wie Melodien zieht es
mir leise durch den Sinn,
wie Frühlingsblumen blüht es
und schwebt wie Duft dahin.

Doch kommt das Wort und faßt es
und führt es vor das Aug',
wie Nebelgrau erblaßt es
und schwindet wie ein Hauch.

Und dennoch ruht im Reime
verborgen wohl ein Duft,
den mild aus stillem Keime
ein feuchtes Auge ruft.

## Joseph von Eichendorff
## 1788–1857

### Abendständchen

Schlafe, Liebchen, weil's auf Erden
Nun so still und seltsam wird!
Oben gehn die goldnen Herden,
Für uns alle wacht der Hirt.

In der Ferne ziehn Gewitter;
Einsam auf dem Schifflein schwank,
Greif ich draußen in die Zither,
Weil mir gar so schwül und bang.

Schlingend sich an Bäum und Zweigen,
In dein stilles Kämmerlein
Wie auf goldnen Leitern steigen
Diese Töne aus und ein.

Und ein wunderschöner Knabe
Schifft hoch über Tal und Kluft,
Rührt mit seinem goldnen Stabe
Säuselnd in der lauen Luft.

Und in wunderbaren Weisen
Singt er ein uraltes Lied,
Das in linden Zauberkreisen
Hinter seinem Schifflein zieht.

Ach, den süßen Klang verführet
Weit der buhlerische Wind,
Und durch Schloß und Wand ihn spüret
Träumend jedes schöne Kind.

## Hermann Hesse
## 1877–1962

### Feierliche Abendmusik

Allegro

Gewölk zerreißt; vom glühenden Himmel her
Irrt taumelndes Licht über geblendete Täler.
Mitgeweht vom föhnigen Sturm
Flieh ich mit unermüdetem Schritt
Durch ein bewölktes Leben.
Oh, daß nur immer für Augenblicke
Zwischen mir und dem ewigen Licht
Gütig ein Sturm die grauen Nebel verweht!
Fremdes Land umgibt mich,
Losgerissen treibt von der Heimat fern
Mich des Schicksals mächtige Woge umher.
Jage die Wolken, Föhn,
Reiße die Schleier hinweg,
Daß mir Licht auf die zweifelnden Pfade falle!

## Andante

Immer wieder tröstlich
Und immer neu in ewiger Schöpfung Glanz
Lacht mir die Welt ins Auge,
Lebt und regt sich in tausend atmenden Formen,
Flattert Falter im sonnigen Wind,
Segelt Schwalbe in seliger Bläue,
Strömt Meerflut am felsigen Strand.
Immer wieder ist Stern und Baum,
Ist mir Wolke und Vogel nahe verwandt,
Grüßt mich als Bruder der Fels,
Ruft mir freundschaftlich das unendliche Meer.
Unverstanden führt mich mein Weg
Einer blau verlorenen Ferne zu,
Nirgend ist Sinn, nirgend ist sicheres Ziel –
Dennoch redet mir jeder Waldbach,
Jede summende Fliege von tiefem Gesetz,
Heiliger Ordnung,
Deren Himmelsgewölb' auch mich überspannt,

Deren heimliches Tönen
Wie im Gang der Gestirne
So auch in meines Herzens Taktschlag klingt.

Adagio

Traum gibt, was Tag verschloß;
Nachts, wenn der Wille erliegt,
Streben befreite Kräfte empor,
Göttlicher Ahnung folgend.
Wald rauscht und Strom, und durch der regen Seele
Nachtblauen Himmel Wetterleuchten weht.
In mir und außer mir
Ist ungeschieden, Welt und ich ist eins.
Wolke weht durch mein Herz,
Wald träumt meinen Traum,
Haus und Birnbaum erzählt mir
Die vergessene Sage gemeinsamer Kindheit.
Ströme hallen und Schluchten schatten in mir,
Mond ist und bleicher Stern mein vertrauter Gespiele.

Aber die milde Nacht,
Die sich über mich mit sanftem Gewölke neigt,
Hat meiner Mutter Gesicht,
Küßt mich lächelnd in unerschöpflicher Liebe,
Schüttelt träumerisch wie in alter Zeit
Ihr geliebtes Haupt, und ihr Haar
Wallt durch die Welt, und es zittern
Blaß aufzuckend darin die tausend Sterne.

## Abraham a Santa Clara
## 1644–1709

### Nachtmusikanten

Narren-Meß (Wien 1751)

Hier sind wir arme Narrn
Auf Plätzen und auf Gassen
Und tun die ganze Nacht
Mit unsrer Musik passen.

Es gibt uns keine Ruhe
Die starke Liebesmacht,
Wir stehen mit dem Bogen
Erfroren auf der Wacht.

Sobald der helle Tag
Sich nur beginnt zu neigen,
Gleich stimmen wir die Laut,
Die Harfen und die Geigen.

Mit diesen laufen wir
Zu mancher Schönen Haus
Und legen unsern Kram,
Papier und Noten aus.

Der erste gibt den Takt,
Der andre bläst die Flöten,
Der dritte schlägt die Pauk,
Der viert stößt die Trompeten.

Ein andrer aber spielt
Theorb und Galischan
Mit gar besonderm Fleiß,
So gut er immer kann.

Wir pflegen auch so lang
An einem Eck zu hocken,
Bis wir ein schön Gespenst
Hin an das Fenster locken;

Da fängt man alsbald an
Vor der Geliebten Tür
Verliebte Arien
Mit Pausen und Suspir.

Und sollten vor der Wacht
Wir endlich weichen müssen,
So macht man statt der Händ
Die Läufe mit den Füßen.

Und also treiben wir's
Oft durch die lange Nacht,
Daß selbst die ganze Welt
Ob unsrer Narrheit lacht.

Ach, schönste Phyllis, hör
Doch unser Musizieren
Und laß uns eine Nacht
In deinem Schoß pausieren.

## Erich Kästner
## 1899–1974

### Nachtgesang des Kammervirtuosen

Du meine Neunte letzte Sinfonie!
Wenn du das Hemd* anhast mit rosa Streifen …
Komm wie ein Cello zwischen meine Knie,
und laß mich zart in deine Seiten greifen!

Laß mich in deinen Partituren blättern.
(Sie sind voll Händel, Graun und Tremolo.)
Ich möchte dich in alle Winde schmettern,
du meiner Sehnsucht dreigestrichnes Oh!

Komm, laß uns durch Oktavengänge schreiten!
(Das Furioso, bitte, noch einmal!)
Darf ich dich mit der linken Hand begleiten?
Doch beim Crescendo etwas mehr Pedal!

O deine Klangfigur! O die Akkorde!
Und der Synkopen rhythmischer Kontrast!
Nun senkst du deine Lider ohne Worte …
Sag einen Ton, falls du noch Töne hast!

* In besonders vornehmer Gesellschaft ersetze man das Wort »Hemd« durch das Wort »Kleid«.

## Tom Schulz
## * 1970

### Nachtstück

herangelauscht an die Stelle
des Herzens Pedal und Hammer
*Gibt man den Kontrapunkt auf*

die Stille nach John Cage ist nicht mehr
die Stille, zerbrochenes Halleluja
sakrale Scheidewand, aus der das Blut

abgefeuert mit allen Dunkel
Bildern der Heimfahrt
ins Elternreihenhaus als ein Kind

minus gefühltes Blitzeis
minus polarer Innenwelten
in der ich Pate des Ungeborenen

geht der Wald durch mich
minus der Bären im Zwinger
die Toten, die unsere Ankunft erwarten

blasse Erinnerungsschrift für ***
am Regenklavier, vierhändig
Oktober November, b-moll

das Fenster bin ich
das Durchscheinende, der Schmutzfilm
dahinter, die Milchglasscheibe

ich, der Opiumtropfen unter der Zunge
die graue Schläfe des Schlafbaums
Valse triste

## Emanuel Geibel
## 1815–1884

### Für Musik

Nun die Schatten dunkeln,
Stern an Stern erwacht:
Welch ein Hauch der Sehnsucht
Flutet in der Nacht!

Durch das Meer der Träume
Steuert ohne Ruh,
Steuert meine Seele
Deiner Seele zu.

Die sich dir ergeben,
Nimm sie ganz dahin!
Ach, du weißt, daß nimmer
Ich mein eigen bin.

## Gotthold Ephraim Lessing
## 1729–1781

### An die Leier

Töne, frohe Leier,
Töne Lust und Wein!
Töne, sanfte Leier,
Töne Liebe drein!

Wilde Krieger singen,
Haß und Rach' und Blut
In die Laute singen,
Ist nicht Lust, ist Wut.

Zwar der Heldensänger
Sammelt Lorbeern ein;
Ihn verehrt man länger.
Lebt er länger? Nein.

Er vergräbt im Leben
Sich in Tiefsinn ein:
Um erst dann zu leben,
Wann er Staub wird sein.

Lobt sein göttlich Feuer,
Zeit und Afterzeit!
Und an meiner Leier
Lobt dic Fröhlichkcit.

## Johann Wilhelm Ludwig Gleim
## 1719–1803

### An seine Leier

In dich, du liebe Leier,
Sang ich zur Blumenzeit
Sonst meiner Liebe Feuer,
Und Chloens Zärtlichkeit:

In diesem Haine hörten
Die wilden Faune mich,
Und wütheten und störten
So grausam mich und dich;

Sie lästerten: mein Feuer
Der Liebe wäre Schein. –
Ich singe, liebe Leier,
Nicht mehr in diesem Hain!

## Johann Gaudenz von Salis-Seewis
## 1762–1834

### Abschied von der Harfe

Noch einmal tön', o Harfe,
Die nur Gefühle tönt!
Verhalle zart und leise
Noch jene Schwanenweise,
Die auf der Fluth des Lebens
Uns mit der Noth versöhnt!

Im Morgenschein des Lebens
Erklangst du rein und hell!
Wer kann den Klang verwahren?
Durch Forschen und Erfahren
Verhallet' und versiegte
Des Liedes reiner Quell.

In spätern Jugendjahren
Hallt es schon zart und bang,
Wie Finkenschlag im Merze;
Mit des Entknospens Schmerze
Erbeben Herz und Saiten
Voll Liebe und Gesang!

Am Sommertag des Lebens
Verstummt das Saitenspiel!
Aus sehnsuchtvoller Seele
Lockts noch, wie Philomele,
Schon seltner, aber rührend,
Nur Schwermuth und Gefühl.

O schlag' im dunkeln Busen
Der ernsten Abendzeit!
Will um das öde Leben
Des Schicksals Nacht sich weben,
Dann schlag' und wecke Sehnsucht
Nach der Unsterblichkeit!

## Eduard Mörike
## 1804–1875

### An eine Äolsharfe

Tu semper urges flebilibus modis
Mysten ademptum: nec tibi Vespero
Surgente decedunt amores,
Nec rapidum fugiente Solem.
Hor.

Angelehnt an die Efeuwand
Dieser alten Terrasse,
Du, einer luftgebornen Muse
Geheimnisvolles Saitenspiel,
Fang an,
Fange wieder an
Deine melodische Klage!

Ihr kommet, Winde, fern herüber,
Ach, von des Knaben,
Der mir so lieb war,
Frisch grünendem Hügel.
Und Frühlingsblüten unterweges streifend,
Übersättigt mit Wohlgerüchen,
Wie süß bedrängt ihr dies Herz!

Und säuselt her in die Saiten,
Angezogen von wohllautender Wehmut,
Wachsend im Zug meiner Sehnsucht,
Und hinsterbend wieder.

Aber auf einmal,
Wie der Wind heftiger herstößt,
Ein holder Schrei der Harfe
Wiederholt, mir zu süßem Erschrecken,
Meiner Seele plötzliche Regung;

Und hier – die volle Rose streut, geschüttelt,
All ihre Blätter vor meine Füße!

## Ludwig Uhland
## 1787–1862

### Die Harfe

In Wälder floh mit seinem Grame
Ein Ritter, den verschmäht die Dame.
Ihm kommt auf ungebahnten Wegen
Ein traut umfangen Paar entgegen.

Er kann ihr Kosen ganz verstehen,
Da sie auf sich nur hören, sehen:
Sie sind sich kaum zurückgegeben
Zu neuer Liebe, neuem Leben.

Muß alles seinen Schmerz erfrischen?
Er fliehet zu den dunklern Büschen.
Da steht in schwarzer Tannen Mitte,
Verlassen, eine Bruderhütte.

Hier liegt die Eremitenhülle,
Dort hängt die Harfe traurig stille;
Gewiß, den er gesehn im Glücke,
Der ließ sein Trauren hier zurücke.

Er eilt, die Kutte anzulegen,
Er prüft das Spiel mit dumpfen Schlägen:
»Wie lange werd' ich fern der Süßen
Auf dieser Harfe spielen müssen?«

## Nikolaus Lenau
## 1802–1850

### An meine Guitarre

Guitarre, wie du hängst so traurig!
Die Saiten tönen nimmermehr,
Die längst zerrissnen wanken schaurig
Im Abendwinde hin und her.

Auch deine Saiten sind zerrissen,
Es schweigt dein süßer Liederklang,
Seit in des Busens Finsternissen
Mir jede frohe Saite sprang.

Mir sank der Freund voll Jugendblüte
Hinunter in die Todesflut!
Die meiner Lieb' entgegenglühte,
Nun bei den kalten Toten ruht.

Doch will ich euch nun frisch besaiten,
Dich, meine Leier! dich, mein Herz!
Rückbannen die entfloh'nen Zeiten,
Die alte Lust, den alten Schmerz.

Hinaus ins Dunkel jener Eichen!
Dort findet sich der alte Lauf;
Dort stören wir die Liederleichen
Aus ihren stillen Gräbern auf.

Wenn erst die Lieder nur erwachen,
Dann ruft, dann zieht ihr lauter Chor
Die Lieben all in meinen Nachen
Aus dunkler Todesflut empor.

Es klingt! – doch fliehn im scheuen Fluge
Die Töne auf von meiner Hand;
So eilt, verspätet, nach dem Zuge
Das Vöglein übers Heideland.

*Jetzt* bin ich meines Herzens Meister!
Nun rauscht wie einst der Sturmaccord!
Schon springen die versunknen Geister
Herauf, herauf an meinen Bord!

O du, mein Freund, so treu und bieder!
Wohl mir, du bist mir wieder nah!
Dein süßes Wort auch hör' ich wieder:
Mein holdes Mädchen, bist du da? –

Doch nein! mich höhnten finstre Mächte!
Wo ist der Freund? das blonde Kind?
Der Nebel reicht mir keine Rechte;
Durch blonde Disteln saust der Wind!

# Johann Friedrich von Cronegk
## 1731–1758

### An die Laute

Du singst, o Nachtigall! allein
Bey schauervoller Nacht:
Dein Lied ertönt im dunkeln Hayn,
Wo nur die Schwermuth wacht.

Dein Lied erfrischt des Wandrers Herz,
Der tief im Wald verirrt,
Von mancher Furcht, von manchem Schmerz
Bestürmt und trostlos wird.

Er hört den kläglich süßen Ton,
Mit ehrfurchtvoller Lust:
Die Hoffnung, die schon fast entflohn,
Erwacht in seiner Brust.

Nun geht er durch die dunkle Bahn
Mit sichern Schritten hin
Sein Schutzgeist gehet still voran;
Der Nächte Schrecken fliehn.

Wenn auf des Lebens dunkelm Pfad
Die Seele trostlos irrt,
Und ohne Schutz und ohne Rath
Der Schwermuth Beute wird:

O sanfte Laute! töne du,
Bey stiller Mitternacht,
Mir Hoffnung, Trost und Ruhe zu,
Die Hirten glücklich macht!

Entfernt von prächtger Thoren Hohn,
Lehrst du mich ruhig seyn.
Mein Leben sey, so wie dein Ton,
Still, anmuthsvoll und rein.

Der prächtigen Trompeten Klang
Ist schön, doch fürchterlich:
Ganz leise tönet dein Gesang,
Und reizend nur für mich.

So sey mein Leben stillbeglückt,
Sanft, aber unbekannt,
Mit stillen Tugenden geschmückt,
Im sichern Mittelstand.

Ein schimmernd Glück begehr ich nie:
O wär die Weisheit mein!
Erhabne Vorsicht, gieb mir sie,
So werd ich glücklich seyn!

Der Lorbeer bleibt beständig grün,
Den uns die Muse reicht,
Wenn auch die Zeiten schnell entfliehn,
Der Jugend Scherz entweicht.

Mein Alter sey nicht freudenleer,
Nicht ohne Scherz und Lied!
Der Tod ist nur dem Thoren schwer,
Dem sterbend alles flieht.

## Friedrich Theodor Vischer
## 1807–1887

### Der Geiger

Die ganze Seele soll mein Zauberbogen
In dich, du totes Holz, hinübertragen,
In meiner Finger Nerv ist sie gezogen,
Ihr zart Geheimnis sprachlos auszusagen.

Jetzt schwebt der Jubel auf den klaren Wogen,
Ein tiefes Weinen jetzt, ein leidvoll Klagen,
Es singt von Liebe, deren Traum gelogen,
Zum Himmel stürmen wilde, dunkle Fragen.

Nein, armes Herz! Du darfst mir nicht verzagen!
Hör' diesen Einklang, stille deine Tränen!
Der Himmel trügt nicht, wie die Toren wähnen!

Hörst du im Busch die Nachtigallen schlagen?
Siehst du das Blau weit über dir sich dehnen?
Die Antwort gibt es auf dein glühend Sehnen.

## Hermann Hesse
## 1877–1962

### Eine Geige in den Gärten

Weit aus allen dunkeln Talen
Kommt der süße Amselschlag,
Und mein Herz in stummen Qualen
Lauscht und zittert bis zum Tag.

Lange, mondbeglänzte Stunden
Liegt mein Sehnen auf der Wacht,
Leidet an geheimen Wunden
Und verblutet in die Nacht.

Eine Geige in den Gärten
Klagt herauf mit weichem Strich,
Und ein tiefes Müdewerden
Kommt erlösend über mich.

Fremder Saitenspieler drunten,
Der so weich und dunkel klagt,
Wo hast du das Lied gefunden,
Das mein ganzes Sehnen sagt?

## Christian Daniel Schubart
## 1739–1791

### Serafina an ihr Klavier

Sanftes Klavier!
Welche Entzückungen schaffst du in mir,
Sanftes Klavier!
Wenn sich die Schönen
Tändelnd verwöhnen,
Weih' ich mich dir,
Liebes Klavier!

Bin ich allein,
Hauch' ich dir meine Empfindungen ein,
Himmlisch und rein.
Unschuld im Spiele,
Tugendgefühle
Sprechen aus dir,
Trautes Klavier!

Melancholie
Dunkelt die Seele der Spielerin nie,
Heiter ist sie!
Tanzende Docken,
Töne, wie Glocken,
Flößen ins Blut
Rosigen Muth.

Sing' ich dazu,
Goldener Flügel, welch himmlische Ruh'
Lispelst mir du!
Thränen der Freude
Netzen die Saite!
Silberner Klang
Trägt den Gesang.

Tugend, ach dir!
Unschuld, dir weih' ich mein liebes Klavier,
Stimmet es mir,
Engel, ihr Hüter
Frommer Gemüther:
Jeder Ton sey,
Himmel, dir treu.

Sanftes Klavier!
Welche Entzückungen schaffst du in mir,
Goldnes Klavier!
Wenn mich im Leben
Sorgen umschweben;
Töne du mir,
Trautes Klavier!

## Friedrich Schiller
## 1759–1805

### Laura am Klavier

Wenn dein Finger durch die Saiten meistert –
Laura, itzt zur Statue entgeistert,
  Itzt entkörpert steh ich da.
Du gebietest über Tod und Leben,
Mächtig wie von tausend Nervgeweben
  Seelen fordert Philadelphia; –

Ehrerbietig leiser rauschen
Dann die Lüfte, dir zu lauschen;
  Hingeschmiedet zum Gesang,
  Stehn im ew'gen Wirbelgang,
Einzuziehn die Wonnefülle,
Lauschende Naturen stille,
  Zauberin! mit Tönen, wie
  Mich mit Blicken, zwingst du sie.

Seelenvolle Harmonieen wimmeln,
  Ein wollüstig Ungestüm,
Aus den Saiten, wie aus ihren Himmeln
  Neugeborne Seraphim;

Wie, des Chaos Riesenarm entronnen,
Aufgejagt vom Schöpfungssturm die Sonnen
    Funkend fuhren aus der Finsternus,
    Strömt der goldne Saitenguß.

Lieblich itzt wie über bunten Kieseln
Silberhelle Fluten rieseln –
    Majestätisch prächtig nun
    Wie des Donners Orgelton,
Stürmend von hinnen itzt wie sich von Felsen
Rauschende, schäumende Gießbäche wälzen,
    Holdes Gesäusel bald,
        Schmeichlerisch linde,
    Wie durch den Espenwald
        Buhlende Winde,
Schwerer nun und melancholisch düster,
Wie durch toter Wüsten Schauernachtgeflüster,
    Wo verlornes Heulen schweift,
    Tränenwellen der Cocytus schleift.

Mädchen, sprich! Ich frage, gib mir Kunde:
Stehst mit höhern Geistern du im Bunde?
  Ist's die Sprache, lüg mir nicht,
  Die man in Elysen spricht?

Von dem Auge weg der Schleier!
  Starre Riegel von dem Ohr!
Mädchen! Ha! schon atm ich freier,
Läutert mich ätherisch Feuer?
  Tragen Wirbel mich empor? – –

Neuer Geister Sonnensitze
Winken durch zerrißner Himmel Ritze –
  Überm Grabe Morgenrot!
Weg, ihr Spötter, mit Insektenwitze!
  Weg! Es ist ein Gott – – – –

## Franz Grillparzer
## 1791–1872

### Als sie, zuhörend, am Klavier saß

Still saß sie da, die Lieblichste von allen,
Aufhorchend, ohne Tadel, ohne Lob;
Das dunkle Tuch war von der Brust gefallen,
Die, nur vom Kleid bedeckt, sich atmend hob;
Das Haupt gesenkt, den Leib nach vorn gebogen,
Wie von den fliehnden Tönen nachgezogen.

Nenn ich sie schön? Ist Schönheit doch ein Bild,
Das selbst sich malt und nur sich selbst bedeutet,
Doch Höheres aus diesen Zügen quillt,
Die wie die Züge einer Schrift verbreitet,
An sich oft bildlos, unscheinbare Zeichen,
Doch himmlisch durch den Sinn, den sie erreichen.

So saß sie da, das Regen nur der Wangen
Mit ihren zarten Muskeln rund und weich,
Der Wimpern Zucken, die das Aug umhangen,
Der Lippen Spiel, die Purpurlädchen gleich,
Den Schatz von Perlen hüllen jetzt, nun zeigen,
Verriet Gefühl, von dem die Worte schweigen.

Und wie die Töne brausend sich verwirren,
In stetem Kampfe stets nur halb versöhnt,
Jetzt klagen, wie verflogne Tauben girren,
Jetzt stürmen, wie der Gang der Wetter dröhnt,
Sah ich ihr Lust und Qual im Antlitz kriegen
Und jeder Ton ward Bild in ihren Zügen.

Mitleidend wollt ich schon zum Künstler rufen:
»Halt ein! Warum zermalmst du ihre Brust?«
Da war erreicht die schneidendste der Stufen,
Der Ton des Schmerzes ward zum Ton der Lust,
Und wie Neptun, vor dem die Stürme flogen,
Hob sich der Dreiklang ebnend aus den Wogen,

Und wie die Sonne steigt; die Strahlen dringen
Durch der zersprengten Wetter dunkle Nacht,
So ging ihr Aug, an dem noch Tropfen hingen,
Hellglänzend auf in sonnengleicher Pracht;
Ein leises Ach aus ihrem süßen Munde,
Sah, wie nach Mitgefühl, sie in die Runde.

Da triebs mich auf; nun soll sies hören!
Was mich schon längst bewegt, nun werd ihrs kund!
Doch blickt sie her; den Künstler nicht zu stören
Befiehlt ihr Finger schwichtgend an dem Mund,
Und wieder seh ich horchend sie sich neigen
Und wieder muß ich sitzen, wieder schweigen.

## Eduard Mörike
## 1804–1875

### Auf einen Klavierspieler

Hört ihn und seht sein dürftig Instrument!
Die alte, klepperdürre Mähre,
An der ihr jede Rippe zählen könnt,
Verwandelt sich im Griffe dieses Knaben
Zu einem Pferd von wilder, edler Art,
Das in Arabiens Glut geboren ward!
Es will nicht Zeug, noch Zügel haben,
Es bäumt den Leib, zeigt wiehernd seine Zähne,
Dann schüttelt sich die weiße Mähne,
Wie Schaum des Meers zum Himmel spritzt,
Bis ihm, besiegt von dem gelaßnen Reiter,
Im Aug die bittre Träne blitzt –
O horch! nun tanzt es sanft auf goldner Töne Leiter!

## Else Lasker-Schüler
## 1869–1945

### Mein blaues Klavier

Ich habe zu Hause ein blaues Klavier
Und kenne doch keine Note.

Es steht im Dunkel der Kellertür,
Seitdem die Welt verrohte.

Es spielen Sternenhände vier
– Die Mondfrau sang im Boote –
Nun tanzen die Ratten im Geklirr.

Zerbrochen ist die Klaviatür .....
Ich beweine die blaue Tote.

Ach liebe Engel öffnet mir
– Ich aß vom bitteren Brote –
Mir lebend schon die Himmelstür –
Auch wider dem Verbote.

## Gottlieb Konrad Pfeffel
## 1736–1809

### Die Flötenspieler

Damötas blies dem Hirtenchor,
Bestrahlt vom Glanz der Abendröthe,
Ein altes Lied des Phöbus vor.
Die zarten Töne seiner Flöte
Ergötzten Philomenens Ohr,
Und rührten selbst die rohen Faunen.
Die Gruppe sank in süßes Staunen;
Ihr Auge hing am Zauberrohr;
Und mächtig stieg bey jedem Laute
Ihr sanft beklemmtes Herz empor.
Sogar ein Esel trat hervor,
Der in dem Thale Disteln kaute:
Der Mensch ist doch ein großer Thor,
Sprach er bey sich; da bläst ein Hase
Mit vollen Backen in ein Loch,
Und alles öffnet Maul und Nase.
Wie sie nun klatschen! Säng er noch,
So wär es ihnen zu verzeihen.
Allein was sag ich? fliehn sie doch
Mit Eckel meine Melodeyen.
Zwar Undank ist der Künste Lohn!

Vertieft in finstre Träumereyen,
Schlich er mit sachtem Schritt davon,
Und fand auf einer nahen Matte
Die Flöte, die der junge Hirt,
Myrtill, im Gras verloren hatte.
Er stehet still; sein Klotzaug irrt
Mit schiefen Blicken auf dem Rohre;
Nun pflanzt er mit gesenktem Ohre
Die platte Schnauze vor das Loch,
Versucht es frisch hineinzuschnauben
Und presset – o wer wollte doch
Nicht an des Zufalls Wunder glauben? –
Ein Ut heraus. Er kennt sich kaum;
Schilt triumphirend nach Damöten
Und ruft mit einem Purzelbaum:
Juhey! juhey! auch ich kann flöten.

Kein Balsam gleicht der Eitelkeit,
Sie heilt sogar des Esels Neid.

## Hermann Hesse
## 1877–1962

### Flötenspiel

Ein Haus bei Nacht durch Strauch und Baum
Ein Fenster leise schimmern ließ,
Und dort im unsichtbaren Raum
Ein Flötenspieler stand und blies.

Es war ein Lied so altbekannt,
Es floß so gütig in die Nacht,
Als wäre Heimat jedes Land,
Als wäre jeder Weg vollbracht.

Es war der Welt geheimer Sinn
In seinem Atem offenbart,
Und willig gab das Herz sich hin
Und alle Zeit ward Gegenwart.

## Werner Bergengruen
## 1892–1964

### Die Flöte

Weil es Abend wird,
Gib mir deine Hand.
Eine Flöte irrt
Fern im Weideland.

Da die Herde schon
Sich ins Graue zieht,
Bläst mit gleichem Ton
Noch der Hirt sein Lied.

Hat den Flötenschaft
Sich vom Strauch geschnitzt,
Als der junge Saft
Durch das Holz gespritzt.

Saft, der aufwärts drang
Aus dem Wurzelhaus!
Und so spricht der Klang
Alle Erde aus.

Durch den Abend weit
Aus der Flöte schallt's,
Schwer von Süßigkeit
Und von Tränensalz.

Keine Lippe hat
Unser Los erfragt.
Eine schmale Statt
Ward uns zugesagt.

Drängt sich Tier an Tier
Und die Wolken wehn –
Sprich, wie wollen wir
Diese Nacht bestehn?

Und nun schweigt der Hirt
Fern im falben Land.
Weil es Abend wird,
Gib mir deine Hand.

## Georg Trakl
## 1887–1914

### Trompeten

Unter verschnittenen Weiden, wo braune Kinder spielen
Und Blätter treiben, tönen Trompeten. Ein Kirchhofs-
schauer.
Fahnen von Scharlach stürzen durch des Ahorns Trauer,
Reiter entlang an Roggenfeldern, leeren Mühlen.

Oder Hirten singen nachts und Hirsche treten
In den Kreis ihrer Feuer, des Hains uralte Trauer,
Tanzende heben sich von einer schwarzen Mauer;
Fahnen von Scharlach, Lachen, Wahnsinn, Trompeten.

## Paul Celan
## 1920–1970

### Die Posaunenstelle

Die Posaunenstelle
tief im glühenden
Leertext,
in Fackelhöhe,
im Zeitloch:

hör dich ein
mit dem Mund.

## Joseph von Eichendorff
## 1788–1857

### Kurze Fahrt

Posthorn, wie so keck und fröhlich
Brachst du einst den Morgen an,
Vor mir lag's so frühlingsselig,
Daß ich still auf Lieder sann.

Dunkel rauscht es schon im Walde,
Wie so abendkühl wird's hier,
Schwager, stoß ins Horn – wie balde
Sind auch wir im Nachtquartier!

## Justinus Kerner
## 1786–1862

### Alphorn

Ein Alphorn hör' ich schallen,
Das mich von hinnen ruft,
Tönt es aus wald'gen Hallen?
Tönt es aus blauer Luft?
Tönt es von Bergeshöhe,
Aus blumenreichem Tal?
Wo ich nur steh' und gehe,
Hör' ich's in süßer Qual.

Bei Spiel und frohem Reigen,
Einsam mit mir allein,
Tönt's, ohne je zu schweigen,
Tönt tief ins Herz hinein.
Noch nie hab' ich gefunden
Den Ort, woher es schallt,
Und nimmer wird gesunden
Dies Herz, bis es verhallt.

## Rainer Maria Rilke
## 1875–1926

### Gong

Nicht mehr für Ohren …: Klang,
der, wie ein tieferes Ohr,
uns, scheinbar Hörende, hört.
Umkehr der Räume. Entwurf
innerer Welten im Frein …,
Tempel vor ihrer Geburt,
Lösung, gesättigt mit schwer
löslichen Göttern …: Gong!

Summe des Schweigenden, das
sich zu sich selber bekennt,
brausende Einkehr in sich
dessen, das an sich verstummt,
Dauer, aus Ablauf gepreßt,
um-gegossener Stern …: Gong!

Du, die man niemals vergißt,
die sich gebar im Verlust,
nichtmehr begriffenes Fest,
Wein an unsichtbarem Mund,
Sturm in der Säule, die trägt,
Wanderers Sturz in den Weg,
unser, an Alles, Verrat ...: Gong!

## Georg Trakl
## 1887–1914

### Musik im Mirabell

Ein Brunnen singt. Die Wolken stehn
Im klaren Blau, die weißen, zarten.
Bedächtig stille Menschen gehn
Am Abend durch den alten Garten.

Der Ahnen Marmor ist ergraut.
Ein Vogelzug streift in die Weiten.
Ein Faun mit toten Augen schaut
Nach Schatten, die ins Dunkel gleiten.

Das Laub fällt rot vom alten Baum
Und kreist herein durchs offne Fenster.
Ein Feuerschein glüht auf im Raum
Und malet trübe Angstgespenster.

Ein weißer Fremdling tritt ins Haus.
Ein Hund stürzt durch verfallene Gänge.
Die Magd löscht eine Lampe aus,
Das Ohr hört nachts Sonatenklänge.

## Friedrich Nietzsche
## 1844–1900

### Venedig

An der Brücke stand
jüngst ich in brauner Nacht.
Fernher kam Gesang:
goldener Tropfen quoll's
über die zitternde Fläche weg.
Gondeln, Lichter, Musik –
trunken schwamm's in die Dämmrung hinaus …

Meine Seele, ein Saitenspiel,
sang sich, unsichtbar berührt,
heimlich ein Gondellied dazu,
zitternd vor bunter Seligkeit.
– Hörte jemand ihr zu? …

## Christoph Michel
## * 1945

### Benefiz-Konzert

Die Pudelmütze
ihr über die verwirrte
Stirn gezogen,
der Schal
wo ist dein Schal, mein Schal,
ob hinterm Haken –
Das Stück, wer hat das Stück
Der hat das Stück geschrieben, da
war ich noch nicht geboren.
Hinter uns
röhrt einer, senkrecht,
den sie schräg erspäht
zu haben meint, geht vorn das Stück
wie Lerchen in die Luft
(Maria Stuart, o remember)
und, während ihre Hand herüberwächst:
Das Stück,
wer hat jetzt das geschrieben
(von Einstichen übersäter
Handrücken), der Gesang
von einem ungezognen Jesuskind. Da war
ich doch noch nicht geboren, da –

Von Dvorák etwas Lautes, ging
schwirrend Unruhe durch den Saal.
Das Röhren. Ein –
ein Stück, zuletzt,
von Schubert. Und wer hat – Da war's –
und sie hinausgeführt, noch ehe
zu sein es angefangen hat,
zuende

## Oskar Loerke
## 1884–1941

### Pansmusik

Ein Floß schwimmt aus dem fernen Himmelsrande,
Drauf tönt es dünn und blaß
Wie eine alte süße Sarabande.
Das Auge wird mir naß.

Es ist, wie wenn den weiten Horizonten
Die Seele übergeht,
Der Himmel auf den Ebnen, den besonnten,
Aufhorcht wie ein Prophet

Und eine arme Weise in die Ohren
Der höhern Himmel spricht:
Das Spielen wankt, im Spielen unverloren,
Das Licht wankt durch das Licht.

Heut fährt der Gott der Welt auf einem Floße,
Er sitzt auf Schilf und Rohr,
Und spielt die sanfte, abendliche, große,
Und spielt die Welt sich vor.

Er spielt das große Licht der Welt zur Neige,
Tief aus sich her den Strom
Durch Ebnen mit der Schwermut langer Steige
Und Ewigkeitsarom.

Er baut die Ebenen und ihre Städte
Mit weichen Mundes Ton
Und alles Werden bis in dieses späte
Verspieltsein und Verlohn:

Doch alles wie zu stillendem Genusse
Den Augen bloß, dem Ohr.
So fährt er selig auf dem großen Flusse
Und spielt die Welt sich vor.

So fährt sein Licht und ist bald bei den größern,
Orion, Schwan und Bär:
Sie alle scheinen Flöße schon mit Flößern
Der Welt ins leere Meer.

Bald wird die Grundharmonika verhallen,
Die Seele schläft mir ein,
Bald wird der Wind aus seiner Höhe fallen,
Die Tiefe nicht mehr sein.

## Ingeborg Bachmann
## 1926–1973

### Dunkles zu sagen

Wie Orpheus spiel ich
auf den Saiten des Lebens den Tod
und in die Schönheit der Erde
und deiner Augen, die den Himmel verwalten,
weiß ich nur Dunkles zu sagen.

Vergiß nicht, daß auch du, plötzlich,
an jenem Morgen, als dein Lager
noch naß war von Tau und die Nelke
an deinem Herzen schlief,
den dunklen Fluß sahst,
der an dir vorbeizog.

Die Saite des Schweigens
gespannt auf die Welle von Blut,
griff ich dein tönendes Herz.
Verwandelt ward deine Locke
ins Schattenhaar der Nacht,
der Finsternis schwarze Flocken
beschneiten dein Antlitz.

Und ich gehör dir nicht zu.
Beide klagen wir nun.

Aber wie Orpheus weiß ich
auf der Seite des Todes das Leben,
und mir blaut
dein für immer geschlossenes Aug.

## Georg Trakl
## 1887–1914

### Passion

Wenn Orpheus silbern die Laute rührt,
Beklagend ein Totes im Abendgarten,
Wer bist du Ruhendes unter hohen Bäumen?
Es rauscht die Klage das herbstliche Rohr,
Der blaue Teich,
Hinsterbend unter grünenden Bäumen
Und folgend dem Schatten der Schwester;
Dunkle Liebe
Eines wilden Geschlechts,
Dem auf goldenen Rädern der Tag davonrauscht.
Stille Nacht.

Unter finsteren Tannen
Mischten zwei Wölfe ihr Blut
In steinerner Umarmung; ein Goldnes
Verlor sich die Wolke über dem Steg,
Geduld und Schweigen der Kindheit.
Wieder begegnet der zarte Leichnam
Am Tritonsteich
Schlummernd in seinem hyazinthenen Haar.
Daß endlich zerbräche das kühle Haupt!

Denn immer folgt, ein blaues Wild,
Ein Äugendes unter dämmernden Bäumen,
Dieser dunkleren Pfaden
Wachend und bewegt von nächtigem Wohllaut,
Sanftem Wahnsinn;
Oder es tönte dunkler Verzückung
Voll das Saitenspiel
Zu den kühlen Füßen der Büßerin
In der steinernen Stadt.

## Rainer Maria Rilke
## 1875–1926

### Sonette an Orpheus, I

Da stieg ein Baum. O reine Übersteigung!
O Orpheus singt! O hoher Baum im Ohr!
Und alles schwieg. Doch selbst in der Verschweigung
ging neuer Anfang, Wink und Wandlung vor.

Tiere aus Stille drangen aus dem klaren
gelösten Wald von Lager und Genist;
und da ergab sich, daß sie nicht aus List
und nicht aus Angst in sich so leise waren,

sondern aus Hören. Brüllen, Schrei, Geröhr
schien klein in ihren Herzen. Und wo eben
kaum eine Hütte war, dies zu empfangen,

ein Unterschlupf aus dunkelstem Verlangen
mit einem Zugang, dessen Pfosten beben, –
da schufst du ihnen Tempel im Gehör.

## Ludwig Tieck
1773–1853

### Arion

Arion schifft auf Meereswogen
Nach seiner theuren Heimath zu,
Er wird vom Winde fortgezogen
Die See in stiller, sanfter Ruh'.

Die Schiffer stehn von fern und flüstern,
Der Dichter sieht in's Morgenroth,
Nach seinen goldnen Schätzen lüstern
Beschließen sie des Sängers Tod.

Arion merkt die stille Tücke,
Er bietet ihnen all' sein Gold,
Er klagt und seufzt, daß seinem Glücke
Das Schicksal nicht wie vordem hold. –

Sie aber haben es beschlossen,
Nur Tod giebt ihnen Sicherheit,
Hinab in's Meer wird er gestoßen,
Schon sind sie mit dem Schiffe weit.

Er hat die Leyer nur gerettet,
Sie schwebt in seiner schönen Hand,
In Meeresfluthen hingebettet
Ist Freude von ihm abgewandt.

Doch greift er in die goldnen Saiten
Daß laut die Wölbung wiederklingt,
Statt mit den Wogen wild zu streiten
Er sanft die zarten Töne singt:

»Klinge Saitenspiel,
In der Fluth
Wächst mein Muth,
Sterb' ich gleich, verfehl' ich nicht mein Ziel.

Unverdrossen
Komm' ich, Tod,
Dein Gebot
Schreckt' mich nicht, mein Leben ward genossen.

Welle hebt
Mich im Schimmer,
Bald den Schwimmer
Sie in tiefer, nasser Fluth begräbt.«

So klang das Lied durch alle Tiefen,
Die Wogen wurden sanft bewegt,
In Abgrund's Schlüften, wo sie schliefen,
Die Seegethiere aufgeregt.

Aus allen Tiefen blaue Wunder,
Die hüpfend um den Sänger ziehn,
Die Meeresfläche weit hinunter
Beschwimmen die Tritonen grün.

Die Wellen tanzen, Fische springen,
Seit Venus aus den Fluthen kam,
Man dieses Jauchzen, Wonneklingen
In Meeresvesten nicht vernahm.

Arion sieht mit trunknen Blicken
Lautsingend in das Seegewühl,
Er fährt auf eines Delphins Rücken,
Schlägt lächelnd in sein Saitenspiel.

Der Fisch, zu Diensten ihm gezwungen,
Naht schon mit ihm der Felsenbank,
Arion hat den Fels errungen
Und singt dem Fährmann seinen Dank.

Am Ufer kniet er, dankt den Göttern,
Daß er entrann dem nassen Tod.
Der Sänger triumphirt in Wettern,
Ihn rührt Gefahr nicht an und Tod.

## Rainer Maria Rilke
## 1875–1926

### David singt vor Saul

I

*König*, hörst du, wie mein Saitenspiel
Fernen wirft, durch die wir uns bewegen:
Sterne treiben uns verwirrt entgegen,
und wir fallen endlich wie ein Regen,
und es blüht, wo dieser Regen fiel.

Mädchen blühen, die du noch erkannt,
die jetzt Frauen sind und mich verführen;
den Geruch der Jungfraun kannst du spüren,
und die Knaben stehen, angespannt
schlank und atmend, an verschwiegnen Türen.

Daß mein Klang dir alles wiederbrächte.
Aber trunken taumelt mein Getön:
Deine Nächte, König, deine Nächte –,
und wie waren, die dein Schaffen schwächte,
o wie waren alle Leiber schön.

Dein Erinnern glaub ich zu begleiten,
weil ich ahne. Doch auf welchen Saiten
greif ich dir ihr dunkles Lustgestöhn? –

II

*König*, der du alles dieses hattest
und der du mit lauter Leben mich
überwältigest und überschattest:
komm aus deinem Throne und zerbrich
meine Harfe, die du so ermattest.

Sie ist wie ein abgenommner Baum:
durch die Zweige, die dir Frucht getragen,
schaut jetzt eine Tiefe wie von Tagen
welche kommen –, und ich kenn sie kaum.

Laß mich nicht mehr bei der Harfe schlafen;
sieh dir diese Knabenhand da an:
glaubst du, König, daß sie die Oktaven
eines Leibes noch nicht greifen kann?

III

*König*, birgst du dich in Finsternissen,
und ich hab dich doch in der Gewalt.
Sieh, mein festes Lied ist nicht gerissen,
und der Raum wird um uns beide kalt.
Mein verwaistes Herz und dein verworrnes
hängen in den Wolken deines Zornes,
wütend ineinander eingebissen
und zu einem einzigen verkrallt.

Fühlst du jetzt, wie wir uns umgestalten?
König, König, das Gewicht wird Geist.
Wenn wir uns nur aneinander halten,
du am Jungen, König, ich am Alten,
sind wir fast wie ein Gestirn das kreist.

## Wilhelm Müller
## 1794–1827

### Der Leiermann

Drüben hinterm Dorfe steht ein Leiermann
Und mit starren Fingern dreht er, was er kann.
Barfuß auf dem Eise wankt er hin und her
Und sein kleiner Teller bleibt ihm immer leer.

Keiner mag ihn hören, keiner sieht ihn an,
Und die Hunde knurren um den alten Mann.
Und er läßt es gehen alles, wie es will,
Dreht und seine Leier steht ihm nimmer still.

Wunderlicher Alter, soll ich mit dir geh'n?
Willst zu meinen Liedern deine Leier dreh'n?

## Adelbert von Chamisso
## 1781–1838

### Der Spielmann

Im Städtchen gibt es des Jubels viel,
Da halten sie Hochzeit mit Tanz und mit Spiel,
Den Fröhlichen blinket der Wein so rot,
Die Braut nur gleicht dem getünchten Tod.

Ja tot für den, den nicht sie vergißt,
Der doch beim Fest nicht Bräutigam ist;
Da steht er inmitten der Gäste im Krug,
Und streichet die Geige, lustig genug!

Er streichet die Geige, sein Haar ergraut,
Es springen die Saiten gellend und laut,
Er drückt sie ans Herz und achtet es nicht,
Ob auch sie in tausend Stücken zerbricht.

Es ist gar grausig, wenn einer so stirbt,
Wann jung sein Herz um Freude noch wirbt;
Ich mag und will nicht länger es sehn,
Das möchte den Kopf mir schwindelnd verdrehn. –

Wer heißt euch mit Fingern zeigen auf mich?
O Gott! bewahr uns gnädiglich,
Daß keinen der Wahnsinn übermannt;
Bin selber ein armer Musikant.

## Heinrich Heine
## 1797–1856

### Der Apollogott

I

Das Kloster ist hoch auf Felsen gebaut,
Der Rhein vorüberrauschet;
Wohl durch das Gitterfenster schaut
Die junge Nonne und lauschet.

Da fährt ein Schifflein, märchenhaft
Vom Abendrot beglänzet;
Es ist bewimpelt von buntem Taft,
Von Lorbeern und Blumen bekränzet.

Ein schöner blondgelockter Fant
Steht in des Schiffes Mitte;
Sein goldgesticktes Purpurgewand
Ist von antikem Schnitte.

Zu seinen Füßen liegen da
Neun marmorschöne Weiber;
Die hochgeschürzte Tunika
Umschließt die schlanken Leiber.

Der Goldgelockte lieblich singt
Und spielt dazu die Leier;
Ins Herz der armen Nonne dringt
Das Lied und brennt wie Feuer.

Sie schlägt ein Kreuz, und noch einmal
Schlägt sie ein Kreuz, die Nonne;
Nicht scheucht das Kreuz die süße Qual,
Nicht bannt es die bittre Wonne.

II

Ich bin der Gott der Musika,
Verehrt in allen Landen;
Mein Tempel hat in Gräcia,
Auf Mont-Parnaß gestanden.

Auf Mont-Parnaß in Gräcia,
Da hab ich oft gesessen
Am holden Quell Kastalia,
Im Schatten der Zypressen.

Vokalisierend saßen da
Um mich herum die Töchter,
Das sang und klang la-la, la-la!
Geplauder und Gelächter.

Mitunter rief tra-ra, tra-ra!
Ein Waldhorn aus dem Holze;
Dort jagte Artemisia,
Mein Schwesterlein, die Stolze.

Ich weiß es nicht, wie mir geschah:
Ich brauchte nur zu nippen
Vom Wasser der Kastalia,
Da tönten meine Lippen.

Ich sang – und wie von selbst beinah
Die Leier klang, berauschend;
Mir war, als ob ich Daphne sah,
Aus Lorbeerbüschen lauschend.

Ich sang – und wie Ambrosia
Wohlrüche sich ergossen,
Es war von einer Gloria
Die ganze Welt umflossen.

Wohl tausend Jahr aus Gräcia
Bin ich verbannt, vertrieben –
Doch ist mein Herz in Gräcia,
In Gräcia geblieben.

III

In der Tracht der Beguinen,
In dem Mantel mit der Kappe
Von der gröbsten schwarzen Sersche,
Ist vermummt die junge Nonne.

Hastig längs des Rheines Ufern
Schreitet sie hinab die Landstraß,
Die nach Holland führt, und hastig
Fragt sie jeden, der vorbeikommt:

»Habt ihr nicht gesehn Apollo?
Einen roten Mantel trägt er,
Lieblich singt er, spielt die Leier,
Und er ist mein holder Abgott.«

Keiner will ihr Rede stehen,
Mancher dreht ihr stumm den Rücken,
Mancher glotzt sie an und lächelt,
Mancher seufzet: Armes Kind!

Doch des Wegs herangetrottelt
Kommt ein schlottrig alter Mensch,
Fingert in der Luft, wie rechnend,
Näselnd singt er vor sich hin.

Einen schlappen Quersack trägt er,
Auch ein klein dreieckig Hütchen;
Und mit schmunzelnd klugen Äuglein
Hört er an den Spruch der Nonne:

»Habt ihr nicht gesehn Apollo?
Einen roten Mantel trägt er,
Lieblich singt er, spielt die Leier,
Und er ist mein holder Abgott.«

Jener aber gab zur Antwort,
Während er sein Köpfchen wiegte
Hin und her, und gar possierlich
Zupfte an dem spitzen Bärtchen:

Ob ich ihn gesehen habe?
Ja, ich habe ihn gesehen
Oft genug zu Amsterdam,
In der deutschen Synagoge.

Denn er war Vorsänger dorten,
Und da hieß er Rabbi Faibisch,
Was auf Hochdeutsch heißt Apollo –
Doch mein Abgott ist er nicht.

Roter Mantel? Auch den roten
Mantel kenn ich. Echter Scharlach,
Kostet acht Florin die Elle,
Und ist noch nicht ganz bezahlt.

Seinen Vater Moses Jitscher
Kenn ich gut. Vorhautabschneider
Ist er bei den Portugiesen.
Er beschnitt auch Souveräne.

Seine Mutter ist Cousine
Meines Schwagers, und sie handelt
Auf der Gracht mit sauern Gurken
Und mit abgelebten Hosen.

Haben kein Pläsier am Sohne.
Dieser spielt sehr gut die Leier,
Aber leider noch viel besser
Spielt er oft Tarock und L'hombre.

Auch ein Freigeist ist er, aß
Schweinefleisch, verlor sein Amt,
Und er zog herum im Lande
Mit geschminkten Komödianten.

In den Buden, auf den Märkten,
Spielte er den Pickelhering,
Holofernes, König David,
Diesen mit dem besten Beifall.

Denn des Königs eigne Lieder
Sang er in des Königs eigner
Muttersprache, tremulierend
In des Nigens alter Weise.

Aus dem Amsterdamer Spielhuis
Zog er jüngst etwelche Dirnen,
Und mit diesen Musen zieht er
Jetzt herum als ein Apollo.

Eine dicke ist darunter,
Die vorzüglich quiekt und grünzelt;
Ob dem großen Lorbeerkopfputz
Nennt man sie die grüne Sau.

## Friedrich Hebbel
## 1813–1863

### Der blinde Orgelspieler

In andächtiger Stille
　Stehn wir, dein frommes Spiel
Weckt in unendlicher Fülle
　Uns das tiefste Gefühl.

Meinen, hinüberzutreten
　In den reinsten Kreis;
Mancher mag jetzt beten,
　Welcher es selbst nicht weiß.

Ist Gott dir aufgegangen
　In der ewigen Nacht?
Ward dir darum verhangen
　Dunkel der Erde Pracht?

Eine der Tränen doch, eine
　Lasse der Herr dich sehn,
Die in himmlischem Scheine
　Jetzt im Auge uns stehn.

## Rose Ausländer
## 1901–1988

### Bachfuge

Die Bachfuge
fliegt in den Himmel
kommt zurück zu mir
fliegt in den Himmel

Mathematik
erklärt eine Stimme

Ich weiß nicht
will nicht wissen
wieviele Köpfe auf Flügeln
welche Geschwindigkeiten
ich zähl nicht
die Zahlen

Bach
mein Blutstrom
zum Himmel

## Johannes Bobrowski
## 1917–1965

### Mozart

Am Schuh die Schnalle
ist lose, ein silberner Knopf
hat hier gesessen, mich schmerzt
der Hals, die Augen,
wenn ich sie schlösse –

Damals fiel mir auf
die neue Falte
in Colloredos Gesicht –
in Prag das Häuschen,
schwimmend über den Hang,
Gesträuch, eine weiße Woge,
vor sich her – als der endlose
Regen vorüber war, eines
Abends das Licht
auf dem Stainschen Clavier.

Es gab noch zu schreiben
eine Musik,
Holz, ein Dröhnen, irdisch,
unter den Füßen, im Haus

schlägt eine Tür, ich frag nicht,
ich hör sie allein,
ich hab es nicht gern, wenn Constanze
mit dem gläsernen Munde
lacht.

## Nikolaus Lenau
## 1802–1850

### Beethovens Büste

Traurig kehrt' ich eines Abends
In mein einsam düstres Zimmer,
Überraschend drin entgegen
Blinkte mir ein Freudenschimmer.

Mit dem sichern Blick der Liebe
Hatt' ein Freund den Spalt getroffen,
Wo des Unmuts düstre Zelle
Blieb dem Strahl der Freude offen.

Ha! ich fand des Mannes Büste,
Den ich höchst als Meister ehre,
Nebst dem schroffen Urgebirge
Und dem grenzenlosen Meere.

Ein Gewitter in den Alpen,
Stürme auf dem Ozeane,
Und das große Herz Beethovens,
Laut im heiligen Orkane,

Sind die Wecker mir des Mutes,
Der das Schicksal wagt zu fodern,
Der den letzten Baum des Edens
Lächelnd sieht zu Asche lodern.

Kämpfen lern' ich ohne Hassen,
Glühend lieben und Entsagen,
Und des Todes Wonneschauer,
Wenn Beethovens Lieder klagen;

Wenn sie jubeln, Leben schmetternd,
Daß die tiefsten Gräber klüften,
Und ein dionysisch Taumeln
Rauschet über allen Grüften.

Wenn sie zürnen, hör' ich rasseln
Menschenwillens heil'ge Speere,
Und besiegt zum Abgrund, heulend,
Flüchten die Dämonenheere. –

Sanftes Wogen, holdes Rieseln;
Sind des Weltmeers kühle Wellen
Süß beseelt zu Liebesstimmen?
Wie sie steigen, sinken, schwellen!

Auf der glatten Muscheldiele
Halten Nixen ihren Reigen,
Keime künft'ger Nachtigallen
Träumen auf Korallenzweigen.

Horch! noch leiser! dem Naturgeist
Abgelauschte Lieder sind es,
Die er flüstert in das erste
Träumen eines schönen Kindes;

Die er spielt auf Mondstrahlsaiten,
Ob dem Abgrund ausgespannten,
Deren Rhythmen in der Erdnacht
Starren zu Krystallenkanten;

Und nach deren Zaubertakten
Rose läßt die Knospe springen,
Kranich aus des Herbstes Wehmut
Lüftet seine Wanderschwingen. –

Ach, Coriolan! vorüber
Ist das Ringen, wilde Pochen,
Plötzlich sind's die letzten Töne,
Dumpf verhallend und gebrochen.

Wie der Held im schönen Frevel
Überstürmte alle Schranken,
Dann – der tragisch Überwundne
Stehn geblieben in Gedanken.

Sinnend starrt er in den Boden,
Sein Verhängnis will Genüge;
Fallen muß er, stummes Leiden
Zuckt um seine edlen Züge. –

Horch! im Zwiespalt dieser Töne
Klingt der Zeiten Wetterscheide,
Jetzo rauschen sie Versöhnung
Nach der Menschheit Kampf und Leide.

In der Symphonieen Rauschen,
Heiligen Gewittergüssen,
Seh' ich Zeus auf Wolken nahn und
Christi blut'ge Stirne küssen;

Hört das Herz die große Liebe
Alles in die Arme schließen,
Mit der alten Welt die neue
In die ewige zerfließen.

## Gottfried Benn
## 1886–1956

### Chopin

Nicht sehr ergiebig im Gespräch,
Ansichten waren nicht seine Stärke,
Ansichten reden drum herum,
wenn Delacroix Theorien entwickelte,
wurde er unruhig, er seinerseits konnte
die Notturnos nicht begründen.

Schwacher Liebhaber;
Schatten in Nohant,
wo George Sands Kinder
keine erzieherischen Ratschläge
von ihm annahmen.

Brustkrank in jener Form
mit Blutungen und Narbenbildung,
die sich lange hinzieht;
stiller Tod
im Gegensatz zu einem
mit Schmerzparoxysmen
oder durch Gewehrsalven:

man rückte den Flügel (Erard) an die Tür
und Delphine Potocka
sang ihm in der letzten Stunde
ein Veilchenlied.

Nach England reiste er mit drei Flügeln:
Pleyel, Erard, Broadwood,
spielte für 20 Guineen abends
eine Viertelstunde
bei Rothschilds, Wellingtons, im Strafford House
und vor zahllosen Hosenbändern;
verdunkelt von Müdigkeit und Todesnähe
kehrte er heim
auf den Square d'Orléans.

Dann verbrennt er seine Skizzen
und Manuskripte,
nur keine Restbestände, Fragmente, Notizen,
diese verräterischen Einblicke –,
sagte zum Schluß:
»meine Versuche sind nach Maßgabe dessen vollendet,
was mir zu erreichen möglich war.«

Spielen sollte jeder Finger
mit der seinem Bau entsprechenden Kraft,
der vierte ist der schwächste
(nur siamesisch zum Mittelfinger).
Wenn er begann, lagen sie
auf e, fis, gis, h, c.

Wer je bestimmte Präludien
von ihm hörte,
sei es in Landhäusern oder
in einem Höhengelände
oder aus offenen Terrassentüren
beispielsweise aus einem Sanatorium,
wird es schwer vergessen.
Nie eine Oper komponiert,
keine Symphonie,
nur diese tragischen Progressionen
aus artistischer Überzeugung
und mit einer kleinen Hand.

## Carl Zuckmayer
## 1896–1977

### Chopin: Barcarole de Venise

Mond und Sterne des Südens
Rieseln ins Wasser wie Schnee,
Nächte des Nimmer-Ermüdens.
Spielende Winde der See.

Nächte des Nimmer-Erjagens,
Nächte, beflutet vom Glück:
Spielende Winde tragen's
Immer vom Ufer zurück.

Wenn ich ertränke, sie trügen's
Grün in die Tiefe mir nach.
Nächte des Nimmer-Genügens
Wiegten mich wieder wach.

## Karl Kraus
## 1874–1936

### Offenbach

O Offenbach, von dessen Zaubergeige
das Wunder blaut wie jenes Ritters Bart,
du aller Welten holde Gegenwart,
von Lust und Schmerz unsagbar zarte Neige!

Auf deiner Erde war mir zu erschauen
das Farbenglück von allen Jahreszeiten
und Würdefall in alle Menschlichkeiten
und süßes Weh der gruftbefreiten Frauen.

O Offenbach, vor deinem Narrenchor
wie lahmt die Welt, die deinem Ton verschlossen!
Hab' einst ich ihren Mißton ausgenossen,
ich öffne Blaubarts Grabgesang mein Ohr.

## Friederike Mayröcker
## * 1924

### Schostakowitsch

hängte seine Notenköpfe
auf den Hopfenstrauch
Bierdurst befiel
die Musiker in Wladiwostok

## Novalis
## 1772–1801

### Walzer

Hinunter die Pfade des Lebens gedreht
   Pausirt nicht, ich bitt euch so lang es noch geht
Drükt vester die Mädchen ans klopfende Herz
   Ihr wißt ja wie flüchtig ist Jugend und Scherz.

Laßt fern von uns Zanken und Eifersucht seyn
   Und nimmer die Stunden mit Grillen entweihn
Dem Schuzgeist der Liebe nur gläubig vertraut
   Es findet noch jeder gewiß eine Braut.

## Ingeborg Bachmann
## 1926–1973

### Schwarzer Walzer

Das Ruder setzt auf den Gong mit dem schwarzen
Walzer ein,
Schatten mit stumpfen Stichen nähn die Gitarren ein.

Unter der Schwelle erglänzt im Spiegel mein finsteres
Haus,
Leuchter treten sich sanft die flammenden Spitzen aus.

Über die Klänge verhängt: Eintracht von Welle und Spiel;
immer entzieht sich der Grund mit einem anderen Ziel.

Schuld ich dem Tag den Marktschrei und den blauen
Ballon –
Steinrumpf und Vogelschwinge suchen die Position

zum Pas de deux ihrer Nächte, lautlos mir zugewandt,
Venedig, gepfählt und geflügelt, Abend- und Morgen-
land!

Nur Mosaiken wurzeln und halten im Boden fest,
Säulen umtanzen die Bojen, Fratzen- und Freskenrest.

Kein August war geschaffen, die Löwensonne zu sehn,
schon am Eingang des Sommers ließ sie die Mähne wehn.

Denk dir abgöttische Helle, den Prankenschlag auf den Bug
und im Gefolge des Kiels den törichten Maskenzug,

überm ersäuften Parkett zu Spitze geschifft ein Tuch,
brackiges Wasser, die Liebe und ihren Geruch,

Introduktion, dann den Auftakt zur Stille und nichts nachher,
Pausen schlagende Ruder und die Coda vom Meer!

## Hermann Hesse
## 1877–1962

### Valse brillante

Ein Tanz von Chopin lärmt im Saal,
Ein wilder, zügelloser Tanz.
Die Fenster leuchten wetterfahl,
Den Flügel ziert ein welker Kranz.

Den Flügel du, die Geige ich,
So spielen wir und enden nicht
Und warten angstvoll, du und ich,
Wer wohl zuerst den Zauber bricht.

Wer wohl zuerst einhält im Takt
Und von sich weg die Lichter schiebt,
Und wer zuerst die Frage sagt,
Auf die es keine Antwort gibt.

## Gottfried Benn
## 1886–1956

### Valse triste

Verfeinerung, Abstieg, Trauer –
dem Wüten der Natur,
der Völker, der Siegesschauer
folgt eine andere Spur:
Verwerfen von Siegen und Thronen,
die große Szene am Nil,
wo der Feldherr der Pharaonen
den Liedern der Sklavin verfiel.

Durch den Isthmus, griechisch, die Wachen,
Schleuder, Schilde und Stein
treibt im Zephir ein Nachen
tieferen Meeren ein:
Die Parthenongötter, die weißen,
ihre Zeiten, ihr Entstehn,
die schon Verfall geheißen
und den Hermenfrevel gesehn.

Verfeinerte Rinden, Blöße.
Rauschnah und todverfärbt
das Fremde, das Steile, die Größe,
die das Jahrhundert erbt,
getanzt aus Tempeln und Toren
schweigenden Einsamseins,
Erben und Ahnen verloren:
Niemandes –: deins!

Getanzt vor den finnischen Schären –
Valse triste, der Träume Schoß,
Valse triste, nur Klänge gewähren
dies eine menschliche Los:

Rosen, die blühten und hatten,
und die Farben fließen ins Meer,
blau, tiefblau atmen die Schatten
und die Nacht verzögert so sehr.

Getanzt vor dem einen, dem selten
blutenden Zaubergerät,
das sich am Saume der Welten
öffnet: Identität –:
einmal in Versen beschworen,
einmal im Marmor des Steins,
einmal zu Klängen erkoren:
Niemandes –: seins!

Niemandes –: Beuge, beuge
dein Haupt in Dorn und Schlehn,
in Blut und Wunden zeuge
die Form, das Auferstehn,
gehüllt in Tücher, als Labe
den Schwamm mit Essig am Rohr,
so tritt aus den Steinen, dem Grabe
Auferstehung hervor.

## Ernst Bertram
## 1884–1957

### Die Fuge

Sehr langsam und wie Tropfen fallend
Aus erstem Nichts ins erste Sein,
Schwebt sie im leeren Raum, der hallend
Zum erstenmal erklingt, allein.

Und horch! Wie bänglich ihre Klage
Einsam im Grenzenlosen schwingt,
Antwortet ihr die andre Frage,
Die schwesterlich entgegensingt.

Und immer neue! Wie gewaltig
Anbrausend strahlt der hohe Chor,
Drängt unausschöpflich, allgestaltig
Zum Ohre sich der Welt empor!

Erzengelstimmen wie Posaunen
Erdonnern am gewölbten Rund,
Erdworte, lange Klagen raunen
Antwortend aus dem Schollengrund.

Und brünstig, Stimme nun an Stimme,
Jede sich hebt und siegt und fällt,
Umschlungen in erhabenem Grimme
Wachsen sie, eine Riesenwelt,

Durch alle Himmel geht ihr Schüttern –
Bis aus des Stimmenüberdrangs
Langsam abklingenden Gewittern
Der Bogen schwebt des neuen Klangs:

Geeint zu wundervollem Rufen
Steigen sie nach verklärtem Streit
Über die ganz kristallenen Stufen
Zum Tor der letzten Herrlichkeit.

## Marie Luise Kaschnitz
## 1901–1974

### Sonate

Meine Sonate ist klassisch aufgebaut.
Der erste Satz ist ein ziemlich banales Allegro.
Der zweite heißt Melodia
Und ist lang und voll bitterem Tanzglück.
Der dritte wird noch gespielt
Hört, wie er hinjagt, presto
Großes Orchester mit Harfen und Saxophon
Aber alles gedämpft
Furchtbar leise
Keinem Aufschwung entgegen.
Den Bläsern nimmt er den Atem
Die Hände der Streicher zittern
Die brüchigen Saiten springen
Die Zuhörer schleichen sich fort.

## Karl Kraus
## 1874–1936

### Operette

Mehr Logik will ich, als die Welt kann fassen;
drum leb ich lieber, wo sie fehlt: im Traum.
Am Tag jedoch wehrt ihr die Welt den Raum
und just den Traum will sie ihr überlassen.

Heillose Wissenschaft zerrt an dem Saum,
verpöbelnd das Geheimnis vor den Massen,
die dort, wo Zweck ist, kläglich ihn verpassen
und dort, wo Grund ist, ihn berühren kaum.

Doch jeder weiß, wenn nur zu ahnen wäre,
und jeder wähnt, wenn er zu denken hätte,
und Wahn berechnet, Plan ist im Gebet.

Das Chaos ohne die Kausalität!
Die Bühne wär' es, die ich lang entbehre
und die die Welt nicht träumt: die Operette.

## Heinrich Heine
## 1797–1856

### Doktrin

Schlage die Trommel und fürchte dich nicht,
Und küsse die Marketenderin!
Das ist die ganze Wissenschaft,
Das ist der Bücher tiefster Sinn.

Trommle die Leute aus dem Schlaf,
Trommle Reveille mit Jugendkraft,
Marschiere trommelnd immer voran,
Das ist die ganze Wissenschaft.

Das ist die Hegelsche Philosophie,
Das ist der Bücher tiefster Sinn!
Ich hab sie begriffen, weil ich gescheit,
Und weil ich ein guter Tambour bin.

## Hermann Hesse
## 1877–1962

### Berceuse

Sing mir dein liebes Wiegenlied!
Seit meine Jugend von mir schied,
Mag ich so gern die Weise hören.
Komm zu mir, süßer Wunderklang,
Nur du kannst noch die Nacht entlang
Mein ruheloses Herz betören.

Leg mir aufs Haar die schmale Hand
Und laß von unsrem Heimatland,
Von totem Ruhm und Glück uns träumen.
Gleich einem Stern, der einsam zieht,
Soll flackerhell dein Märchenlied
Die Nächte meiner Schwermut säumen.

Und stelle mir zu Häupten doch
Den Rosenstrauß! Er duftet noch
Und träumt sich heimwärts wehbeklommen.
Ich bin ja auch so welk und schwank,
Gebrochen und am Heimweh krank,
Und kann nicht mehr nach Hause kommen.

## Else Lasker-Schüler
## 1869–1945

### Fortissimo

Du spieltest ein ungestümes Lied,
Ich fürchtete mich nach dem Namen zu fragen,
Ich wusste, er würde das alles sagen,
Was zwischen uns wie Lava glüht.

Da mischte sich die Natur hinein
In unsere stumme Herzensgeschichte,
Der Mondvater lachte mit Vollbackenschein,
Als machte er komische Liebesgedichte.

Wir lachten heimlich im Herzensgrund,
Doch unsere Augen standen in Thränen
Und die Farben des Teppichs spielten bunt
In Regenbogenfarbentönen.

Wir hatten beide dasselbe Gefühl,
Der Smyrnateppich wäre ein Rasen,
Und die Palmen über uns fächelten kühl,
Und unsere Sehnsucht begann zu rasen.

Und unsere Sehnsucht riss sich los
Und jagte uns mit Blutsturmwellen:
Wir sanken in das Smyrnamoos
Urwild und schrieen wie Gazellen.

## Theodor Storm
## 1817–1888

### Duett

Tenor und Alt

Mehr in der Töne Schwellen
Neigt sich die Seele dir;
Höher schlagen die Wellen,
Fluten die Pulse mir.

Fliehen und Wiederfinden,
Wechselnde Melodie!
Laß du die Seele schwinden,
Sterben in Harmonie.

Hörst du den Ruf erklingen,
Rührend dein träumend Ohr?
Weiße blendende Schwingen
Tragen dich wehend empor.

Selig, im Lichte zu schweben
Über den Wolken hoch!
Ließt du das süße Leben,
Kennst du die Erde noch?

Aber zum stillen Grunde
Zieht es hernieder schon;
Heimlich von Mund zu Munde
Wechselt ein leiser Ton.

Fernhin rauschen die Wogen,
Schütze mein pochend Herz!
Schon kommt die Nacht gezogen –
Fühlst du den süßen Schmerz?

## Georg Trakl
## 1887–1914

### Rondel

Verflossen ist das Gold der Tage,
Des Abends braun und blaue Farben:
Des Hirten sanfte Flöten starben
Des Abends blau und braune Farben
Verflossen ist das Gold der Tage.

## Oda Schaefer
## 1900–1988

### Rondo

Worte tropfen wie Tränen,
Regen von bebendem Zweig,
Lösen die Hüllen und dehnen
Stunden, Minuten – o schweig!

Schweigen – zuckende Nerven,
Blutpuls in seidener Haut,
Laß dich ins Dunkelste werfen,
Opfer, von Tränen betaut.

## Günter Ullmann
## 1946–2009

### Jazz

für die Musiker der Gruppe »media nox«

kommen wir zu
den augen herein machen
uns in deinen ohren
breit treiben dich aus
dir heraus

## Hans Magnus Enzensberger
## * 1929

### Middle Class Blues

Wir können nicht klagen.
Wir haben zu tun.
Wir sind satt.
Wir essen.

Das Gras wächst,
das Sozialprodukt,
der Fingernagel,
die Vergangenheit.

Die Straßen sind leer.
Die Abschlüsse sind perfekt.
Die Sirenen schweigen.
Das geht vorüber.

Die Toten haben ihr Testament gemacht.
Der Regen hat nachgelassen.
Der Krieg ist noch nicht erklärt.
Das hat keine Eile.

Wir essen das Gras.
Wir essen das Sozialprodukt.
Wir essen die Fingernägel.
Wir essen die Vergangenheit.

Wir haben nichts zu verheimlichen.
Wir haben nichts zu versäumen.
Wir haben nichts zu sagen.
Wir haben.

Die Uhr ist aufgezogen.
Die Verhältnisse sind geordnet.
Die Teller sind abgespült.
Der letzte Autobus fährt vorbei.

Er ist leer.

Wir können nicht klagen.

Worauf warten wir noch?

## Christian Daniel Schubart
## 1739–1791

### An die Tonkunst

Göttin der Tonkunst, auf purpurnen Schwingen
Kamst du von Sion zu Menschen herab;
Lehrtest sie flöten, und spielen, und singen,
Griffst in die Harfe, die Jova dir gab.
Thiere und Pflanzen
Strebten zu tanzen;
Kummer und Schwermuth mit wolkigem Blick
Wichen dir, mächtige Göttin! zurück.

Jetzt töntest du der Liebe Freuden
Ins hohe Harfenspiel.
Du sangst von Minneseligkeiten,
Und jede Note war Gefühl.
Göttin der Tonkunst, auf purpurnen Schwingen
Kamst du von Sion zu Menschen herab!

Jetzt fingst du an zu spielen
Den stummgewordnen Schmerz,
Bis süße Thränen fielen
Und lüfteten das Herz.
Göttin der Tonkunst, auf purpurnen Schwingen
Kamst du von Sion zu Menschen herab!

Jetzt rauschten die Saiten
Von hüpfenden Freuden;
Es kam im blühenden Kranz
Der wirbelnde schwäbische Tanz.
Göttin der Tonkunst, auf purpurnen Schwingen
Kamst du von Sion zu Menschen herab!

Nun schwang die Göttin sich zum Chor
Der Feiernden im Gotteshaus empor,
Und griff mit mächtiger Faust
Ins Orgelspiel: die Töne flogen
Brausend empor – so braust
Der Ocean mit seinen Wogen –
Und Hallelujah donnerte der Chor
In Fugen zum Himmel empor.
Göttin der Tonkunst, auf purpurnen Schwingen
Kamst du von Sion zu Menschen herab!

Und nun sangst du ein Kirchenlied;
Die Andacht mischt sich drein,
Die betend vor dem Himmel kniet;
Und singend schlief sie ein.

Göttin der Tonkunst, auf purpurnen Schwingen
Kamst du von Sion zu Menschen herab;
Lehrtest sie flöten, und spielen, und singen,
Griffst in die Harfe, die Jova dir gab.
Thiere und Pflanzen
Strebten zu tanzen;
Kummer und Schwermuth mit wolkigem Blick
Wichen dir, mächtige Göttin! zurück.

## Friedrich Gottlieb Klopstock
## 1724–1803

### Die Musik

Sterbliche nur genössen der Freuden froheste, reinste,
Sie allein die Musik?
Und nicht auch die Bewohner der Leier, oder Apollos?
Anderer Welten umher?
Wir entlocketen nur durch mannigfalte Berührung,
Durch gelinderen stärkeren Hauch,
Lebende Töne den Formen, die jenen wir bildeten? hätten
Stimmen allein zu Gesang?
Andere schüfen nicht auch, die Zauberhalle zu ordnen,
Gang und Verhalt?
Irrt doch nicht so! Wie wisset ihr denn, ob dort, wo es schimmert,
Nicht auch freue Musik?
Droben nicht töne lautere Form? nicht hellere Lippe
Singend erschüttre das Herz?
Ob man vielleicht nicht selbst zu des Haines Geräusch, und der Weste
Säuseln, stimme den rieselnden Bach?
Zum Einklange nicht bringe den Donnersturm mit dem Weltmeer?

Die mit dem tausendstimmigen Chor?
Irrt doch nicht so! Es freut nicht allein in den Sternen; es freuet
Auch in dem Himmel Musik.

# Gotthold Ephraim Lessing
1729–1781

## Die Musik

Ein Orpheus spielte; rings um ihn,
Mit lauschendem Gedränge,
Stand die erstaunte Menge,
Durchs Ohr die Wollust einzuziehn.
Ein Trinker kam von ungefähr,
Und taumelte den Weg daher.
Schnell faßt' er sich, blieb horchend stehn,
Und ward entzückt, und schrie: schön!
So schön, als wenn bei meinem wackern Wirte
Das helle Paßglas* klirrte.

* Im späten Mittelalter gebräuchliches Trinkglas, das durch aufgezeichnete Ringe in Pässe (Maße) geteilt war.

## Franz von Schober
## 1796–1882

### An die Musik

Du holde Kunst, in wieviel grauen Stunden,
Wo mich des Lebens wilder Kreis umstrickt,
Hast du mein Herz zu warmer Lieb entzunden,
Hast mich in eine beßre Welt entrückt!

Oft hat ein Seufzer, deiner Harf entflossen,
Ein süßer, heiliger Akkord von dir
Den Himmel beßrer Zeiten mir erschlossen,
Du holde Kunst, ich danke dir dafür!

## Heinrich Heine
## 1797–1856

### Jung-Katerverein für Poesie-Musik

Der philharmonische Katerverein
War auf dem Dache versammelt
Heut nacht – doch nicht aus Sinnenbrunst;
Da ward nicht gebuhlt und gerammelt.

Es paßt kein Sommernachthochzeitstraum,
Es passen nicht Lieder der Minne
Zur Winterjahrzeit, zu Frost und Schnee;
Gefroren war jede Rinne.

Auch hat überhaupt ein neuer Geist
Der Katzenschaft sich bemeistert;
Die Jugend zumal, der Jung-Kater ist
Für höheren Ernst begeistert.

Die alte frivole Generation
Verröchelt; ein neues Bestreben,
Ein Katzenfrühling der Poesie
Regt sich in Kunst und Leben.

Der philharmonische Katerverein,
Er kehrt zur primitiven
Kunstlosen Tonkunst jetzt zurück,
Zum schnauzenwüchsig Naiven.

Er will die Poesiemusik,
Rouladen ohne Triller,
Die Instrumental- und Vokalpoesie,
Die keine Musik ist, will er.

Er will die Herrschaft des Genies,
Das freilich manchmal stümpert,
Doch in der Kunst oft unbewußt
Die höchste Staffel erklimpert.

Er huldigt dem Genie, das sich
Nicht von der Natur entfernt hat,
Sich nicht mit Gelehrsamkeit brüsten will
Und wirklich auch nichts gelernt hat.

Dies ist das Programm des Katervereins,
Und voll von diesem Streben
Hat er sein erstes Winterkonzert
Heut nacht auf dem Dache gegeben.

Doch schrecklich war die Exekution
Der großen Idee, der pompösen –
Häng dich, mein teurer Berlioz,
Daß du nicht dabei gewesen!

Das war ein Charivari, als ob
Einen Kuhschwanzhopsaschleifer
Plötzlich aufspielten, branntweinberauscht,
Drei Dutzend Dudelsackpfeifer.

Das war ein Tauhu-Wauhu, als ob
In der Arche Noä anfingen
Sämtliche Tiere unisono
Die Sündflut zu besingen.

O, welch ein Krächzen und Heulen und Knurrn,
Welch ein Miaun und Gegröhle!
Die alten Schornsteine stimmten ein
Und schnauften Kirchenchoräle.

Zumeist vernehmbar war eine Stimm,
Die kreischend zugleich und matte
Wie einst die Stimme der Sontag war,
Als sie keine Stimme mehr hatte.

Das tolle Konzert! Ich glaube, es ward
Ein großes Tedeum gesungen,
Zur Feier des Siegs, den über Vernunft
Der frechste Wahnsinn errungen.

Vielleicht auch ward vom Katerverein
Die große Oper probieret,
Die Ungarns größter Pianist
Für Charenton komponieret.

Es hat bei Tagesanbruch erst
Der Sabbat ein Ende genommen;
Eine schwangere Köchin ist dadurch
Zu früh in die Wochen gekommen.

Die sinnebetörte Wöchnerin
Hat ganz das Gedächtnis verloren;
Sie weiß nicht mehr, wer der Vater ist
Des Kindes, das sie geboren.

War es der Peter? War es der Paul?
Sag, Lise, wer ist der Vater?
Die Lise lächelt verklärt und spricht:
O Liszt! du himmlischer Kater!

## Detlev von Liliencron
## 1844–1909

### An die Musik

Fern eine Drehorgel: Sie stimmt mich weich.
Erinnrung kommt. Was ist das ganze Leben?
Ein Schattenspiel? Ein Traum? Ein Narrenstreich?
Da steht der Tod, wir müssen uns ergeben.
Die neunte Symphonie: Das Himmelreich.
Horch auf, mein Herz: es schweigen Streit und Streben.
Es hebt, es reißt dich hoch, dem Phönix gleich;
Bald wirst du nicht mehr an der Erde kleben.

## Hugo von Hofmannsthal
## 1874–1929

### »Zukunftsmusik«

Heiligen Mitleids rauschende Wellen,
Klingend an jegliches Herze sie schlagen;
Worte sind Formeln, die könnens nicht sagen,
Können nicht fassen die Geister, die hellen.

Frei sind die Seelen, zu jubeln, zu klagen,
Ahnungen dämmern und Kräfte erschwellen:
Töne den Tönen sich zaubrisch gesellen:
Gilt es dem Heute, den kommenden Tagen?

Wer will es deuten, – ein gärendes Wühlen,
Regellos göttlich, – wer will erlauschen
Heldenhaft höchstes und heißestes Fühlen,

Feuerlodern und Stromesrauschen …?
Doch es beherrscht das Titanengetriebe
Bebende Ahnung erlösender Liebe.

## Wilhelm Waiblinger
## 1804–1830

### Die Töne

Freundinnen der flüchtigen Horen seid ihr
Töne doch vor allen, geheim im Bunde
Steht ihr, und das Schönste, die Seele nach dem
  Traurigen Tode

Lassen jene Genien zurück in eurer
Sanften unvergänglichen Macht und Schöne,
Ja ihr weckt sie immer zu neuem Leben
  Selbst aus dem Grab' auf.

Meine Kindheit schließt mir im Flötenklange
Ihre Rosenwelt und den tiefen Kelch auf,
Dessen Duft einst, wie der Gedank' im Herzen,
  Lange geschlummert.

Wie vermöcht' ich jenen Gesang, die Stimme
Ihrer heißen Sehnsucht, der ersten Liebe
Klagelaut, und all' das unsäglich Zarte
  Noch zu ertragen,

Wenn's einmal in rauschenden Melodieen
Freudejauchzend, ach aus so ganz verlornen
Blumentagen, jubelnd zurück ins Herz kehrt,
Wo es gestorben.

Das, o Töne, wie ich auch oft es fühle,
Das ertrüg' ich nicht. Denn der Freud' und Jugend
Schwand mir so viel, daß die Erinn'rung nicht, nur
Lethe mich tröstet.

Eines aber lieb' ich, wenn meiner Leiden
Und Verluste schmerzlicher Seufzerlaut und
All mein Weh, gleich Äolus' Lüften, leise
Mir in des Herzens

Düstre tiefzerfallne Ruine spielet:
Denn mir ist, als kämen die Geister meiner
Lieben schon von Jenseits zurück in solchen
Sel'gen Akkorden.

## August Stöber
## 1808–1884

### Die Tonleiter

Mit dem holden Lieb selbander
Sang ich jüngst die Töneleiter,
Und wir stiegen miteinander
Stimm' in Stimme fügend weiter.

Aber zu den höchsten Sprossen
Konnt' ich nicht mein Kind ereilen;
Hell und heller stet ergossen
Ihre Töne sich derweilen.

Und ich lauschte, wie sie steigend
Sich in Engelslauten wiegte,
Bis sie wieder, hold sich neigend,
Sich an meine Stimme schmiegte.

Drauf sich inniger durchdringend
Schwebten seelig unsre Stimmen,
Bis, die Leiter niederklingend,
Sie nicht weiter konnte klimmen.

Aus der Männerbrust indessen
Hat sich voller Klang geschwungen,
Ganz die Leiter zu ermessen,
Bin ich tief hinabgedrungen.

Liebchen, in den Schooß der Erde
Will ich tiefe Wurzel schlagen,
Festen Grundes ohne Fährde
Dich und deinen Himmel tragen.

Dann aus hellem Engelsmunde
Laß mich deinen Frieden lernen,
Gieb mir oft getreue Kunde
Hoch aus deinen Himmelsfernen!

## Joseph von Eichendorff
## 1788–1857

### Intermezzo

Wohl vor lauter Sinnen, Singen
Kommen wir nicht recht zum Leben;
Wieder ohne rechtes Leben
Muß zu Ende gehn das Singen;
Ging zu Ende dann das Singen:
Mögen wir auch nicht länger leben.

## Rüdiger Görner
## * 1957

### Musik

I

Ich griff nach
leeren Quinten
und spürte
Zeit im Gehör.

II

Aus Saiten
wurden
Nerven;
und Leere
tönte.

III

Im Notenfeuer
härtet
der Tonkrug sich;
bald werden Stumme
ihn mit Klangfarben
bemalen.

# Anhang

# Nachwort

Gedicht und Musik könnte man als Geschwister bezeichnen. Wo immer von den Anfängen des Dichtens, des Gedichtes die Rede ist, sind diese fast stets in der Nachbarschaft des Liedes und der Musik zu finden. Ob es sich um die frühen Schilderungen griechischer Sängerfiguren handelt, die mit der Kithara abgebildet wurden, mit der sie sich selbst begleitet haben, oder ob es die jeweiligen Anfänge eines neuen Lebens, zum Beispiel in Kinder- und Ammenliedern, sind – stets liegt eine Verbindung von Text und Musik vor, hinter die man nicht zurückgehen kann.

Diese gemeinsame Herkunft bezeugt sich unter anderem in dem der Lyra, der altgriechischen Leier, entlehnten Namen der Lyrik, unter der wir noch heute gemeinhin Gedichte versammeln. So unmöglich es bei strenger Überlegung zu sagen ist, was ein Gedicht ist und was kein Gedicht ist – die Nähe zum Musikalischen, Liedhaften, Rhythmischen spielt dabei eine entscheidende Rolle.

So ist es nicht verwunderlich, dass in den Gedichten selbst dieser Bezug vielfach zum Gegenstand gemacht worden ist, dass es Texte gibt, die die gemeinsamen Anfänge beschwören und in ihrer Wirkungsmächtigkeit zugleich vorführen. Zu allen Zeiten greifen die Dichter dafür auf die mythischen Gestalten der Antike zurück, auf den Gott Apollon, oftmals mit der Leier in der Hand dargestellt, etwa im Dichterwettstreit mit dem unterlegenen Pan; und besonders eindringlich auf Orpheus als die Urgestalt des

Rhapsoden, der mit seiner Musik alle Kräfte zu bewegen vermag: die Berge und die Tiere, sogar den Tod. Die belebende Macht der Musik, sie findet geradezu ihr mythisches Modell in der Geschichte dieses thrakischen Sängers, der die eigene Geliebte aus der Unterwelt zurückzubringen sucht und am Ende selbst von den wilden Mänaden zerrissen wird. Dies zeigt auch die wunderbare Rettung des Arion oder die biblische Heilung von der Melancholie, wenn David vor Saul singt. Wieder und wieder wird die bewegende, belebende Macht der Musik von der Lyrik (wie übrigens auch von der bildenden Kunst) gestaltet.

Auch die Spielleute des Mittelalters, die Sänger der Romantik gehören noch in diesen Kreis, der mit der modernen Rückkehr zu Orpheus – bei Trakl und Rilke, bei Benn und Bachmann – noch einmal seine Unmittelbarkeit bezeugt. Dabei scheint es, als ob im Gedicht zwar auch die tragischen, vorwiegend aber doch die versöhnlich-ausgleichenden, die therapeutischen Kräfte der Musik beschworen würden, während für ihre dämonisch-zerstörerischen Energien eher die Prosa (von E. T. A. Hoffmann bis Thomas Mann) gewählt wird.

Das Gedicht eignet sich ferner als besonders subtiles und genaues Protokoll einer musikalischen Impression –, wo, wenn nicht in der Lyrik, lässt sich die Schallmauer durchbrechen, denn gemeinhin ist Musik nicht adäquat in Sprache umzusetzen. Die »Nachklänge« einer solchen Erschütterung lassen sich oft gar nicht musikalisch festhalten. Sie sind sogar mitunter darauf angewiesen, in Sprache – freilich in die Sprache der Lyrik! – gleichsam übersetzt zu werden. Dann kann das Gedicht zum natürlichen Resonanzraum, zum Echo der gehörten Musik werden, wobei es auch Spiegel einer Faszination sein kann, die von der Persönlichkeit ausgeht (Gottfried Benn: *Chopin*), oder den Musiker für eigene Visionen beansprucht (Karl Kraus: *Offenbach*).

Was die Musik für den Dichter im Leben bedeutet haben mag, muss sich aber nicht unmittelbar in der musikalischen Thematik seiner Gedichte niederschlagen. Von den Zeitgenossen wie von den Nachfahren gleichermaßen viel vertonte Autoren wie Goethe oder Eduard Mörike haben sich hin und wieder im Gedicht mit der Musik befasst – Goethe etwa in den ursprünglich einer polnischen Pianistin gewidmeten Strophen *Aussöhnung*, aber die hohe Musikalität ihrer Verse bezeugt eine andere, nicht ausgesprochene Nähe. Im Fall von Heinrich Heine kommt beides zusammen, die »gleich süße und leidenschaftliche Musik« seiner Gedichte, die Nietzsche rühmt, und die bald mythisch, bald zeitkritisch verbrämte direkte Thematisierung der Musik: »Es erklingt wie Liedestöne/ Alles was ich denk und fühl/ Ach! da hat der kleine schöne/ Liebesgott die Hand im Spiel.// Der Maestro im Theater/ Meines Herzens ist er jetzt,/ Was ich fühl und denke hat er/ Gleich schon in Musik gesetzt«.

Es gibt einen Dialog zwischen den etablierten Formen der Musik und der Lyrik. Während das Lied am schlichtesten und am wirkungsvollsten die Gemeinsamkeit zum Ausdruck bringt, üben etwa der Walzer oder das Rondo eine größere Anziehungskraft auf die Dichter aus als die

Sonate oder die Symphonie. Umgekehrt sind es auch die schlichteren Gedichtformen, wie etwa der Vierzeiler, die sich für die musikalische Anverwandlung besser eignen als die ausgefeilteren Gattungen wie das Sonett, die Ballade oder gar die Ode, die eine eigene Musikalität implizieren.

Deshalb kommt der literarischen Spiegelung des einen oder anderen Musikinstrumentes eine so große Bedeutung zu. Dabei kann die Geschichte der Lyrik nicht nur zu einer Sozialgeschichte des musikalischen Geschmacks werden, etwa in der Ablösung von Harfe und Leier durch das – von Schiller, Grillparzer, Mörike besungene – Klavier, sondern sie vermag auch die symbolische Aufladung des einen oder anderen Instruments zeittypisch zu vermitteln, man denke nur an das Posthorn bei Joseph von Eichendorff *(Kurze Fahrt)*.

Die Lyrik weiß von den Zeiten und Orten der Musik zu singen – mit Vorliebe sind es der Abend oder die Nacht: »Nacht ist es: nun reden lauter alle springenden Brunnen. Und auch meine Seele ist ein springender Brunnen«, so beginnt das *Nachtlied* in Nietzsches *Zarathustra*, der mit seinem *Venedig*-Gedicht einen der klassischen Orte musikalischer Evidenz beschworen hat. Gerade hier, an der verschwimmenden Grenze von Land und Meer, ereignet sich jene Begegnung des genuin Musikalischen, das sich der gemeinen Sprache entzieht. Mit der Kunst des Wortes in Rhythmus und Klang wird das Gedicht zu einem kostbaren Gefäß, in welchem, immer wieder nur für einen magischen Augenblick, die Sprache und das Unaussprechliche zusammenkommen können.

## Quellennachweis

Abraham a Santa Clara
*Nachtmusikanten*
In: Des Knaben Wunderhorn. Alte deutsche Lieder. Gesammelt von L. Achim von Arnim und Clemens Brentano. München 1965

Arnim, Achim von
*Melodie*
In: Gedichte von Ludwig Achim von Arnim. Bern 1970

Ausländer, Rose
*Bachfuge*
In: Im Aschenregen die Spur deines Namens. Gedichte und Prosa 1976. © 1984 S. Fischer Verlag GmbH, Frankfurt am Main 1984

Bachmann, Ingeborg
*Dunkles zu sagen*
*Schwarzer Walzer*
In: Werke. Bd. 1: Gedichte. © 1978 Piper Verlag GmbH, München

Benn, Gottfried
*Chopin*
In: Statische Gedichte. Hrsg. von Paul Raabe. © 1948, 2006 by Arche Literatur Verlag AG, Zürich/Hamburg
*Valse triste*
In: Sämtliche Gedichte. © 1998 Klett-Cotta Verlag, Stuttgart

Bergengruen, Werner
*Die Flöte*
In: Meines Vaters Haus. Gedichte. Arche Verlag, Zürich/Hamburg 2004. © Dr. Luise Hackelsberger, Neustadt/Weinstraße

Bertram, Ernst
*Die Fuge*
In: Gedichte. Insel Verlag, Leipzig 1924. © 2011 Erben Hartmut Buchner

Bobrowski, Johannes
*Mozart*
In: Die Gedichte. © 1998 Deutsche Verlags-Anstalt, Stuttgart, in der Verlagsgruppe Random House GmbH

Celan, Paul
*Die Posaunenstelle*
In: Gesammelte Werke. Band 3: Gedichte 3. © 1983 Suhrkamp Verlag, Frankfurt am Main

Chamisso, Adelbert von
*Der Spielmann*
In: Sämtliche Werke. Bd. 1. Textredaktion Jost Perfahl. Darmstadt 1975

Cronegk, Johann Friedrich von
*An die Laute*
In: Epochen der deutschen Lyrik. Bd. 5: Gedichte 1700–1770. Hrsg. von Walter Killy. München 1969

Eichendorff, Joseph von
*Abendständchen*
*Intermezzo*
*Kurze Fahrt*
In: Werke. Bd. 1. Textredaktion Jost Perfahl, Anmerkungen Ansgar Hillach. München 1970

Enzensberger, Hans Magnus
*Middle Class Blues*
In: Die Gedichte. © 1983 Suhrkamp Verlag, Frankfurt am Main

Geibel, Emanuel
*Für Musik*
In: Gesammelte Werke in acht Bänden. Bd. 2. Stuttgart 1883

Gleim, Johann Wilhelm Ludwig
*An seine Leier*
In: Sämtliche Werke. Bd. 2. Hildesheim 1971

Goethe, Johann Wolfgang
*Aussöhnung*
In: Werke. I. Abteilung. Bd. 3. Hrsg. im Auftrag der Großherzogin Sophie von Sachsen. Weimar 1890

Görner, Rüdiger
*Musik*
Originalbeitrag. © 2011 Rüdiger Görner, London

Grillparzer, Franz
*Als sie, zuhörend, am Klavier saß*
In: Sämtliche Werke. Bd. 1. Hrsg. von Peter Frank und Karl Pörnbacher. München 1960

Groth, Klaus
*Wie Melodien zieht es mir*
In: Texte deutscher Lieder. Ein Handbuch. Hrsg. von Dietrich Fischer-Dieskau. München 2010

Hebbel, Friedrich
*Der blinde Orgelspieler*
In: Werke. Bd. 3. Hrsg. von Gerhard Fricke, Werner Keller und Karl Pörnbacher. München 1965

Heine, Heinrich
*Doktrin*
In: Sämtliche Schriften. Bd. 4. Hrsg. von Klaus Briegleb. München 1971
*Der Apollogott*
*Jung-Katerverein für Poesie-Musik*
In: Sämtliche Schriften. Bd. 6/1. Hrsg. von Klaus Briegleb. München 1975

Hesse, Hermann
*Berceuse*
*Eine Geige in den Gärten*
*Feierliche Abendmusik*
*Flötenspiel*
*Valse brillante*
In: Sämtliche Werke. Band 10: Die Gedichte. © 2002 Suhrkamp Verlag, Frankfurt am Main

Hofmannsthal, Hugo von
*»Zukunftsmusik«*
In: Gesammelte Werke in Einzelausgaben. Gedichte und lyrische Dramen. Frankfurt am Main 1970

Kaschnitz, Marie Luise
*Sonate*
In: Gesammelte Werke. Bd. 5: Die Gedichte. © 1985 Insel Verlag, Frankfurt am Main

Kästner, Erich
*Nachtgesang des Kammervirtuosen*
In: Gesammelte Schriften für Erwachsene. Bd. 1. © Atrium Verlag, Zürich, und Thomas Kästner

Kerner, Justinus
*Alphorn*
In: Werke. Auswahl in sechs Teilen. 2. Teil. Hrsg. von Raimund Pissin. Berlin/Leipzig/Wien 1974

Klopstock, Friedrich Gottlieb
*Die Musik*
In: Ausgewählte Werke. Hrsg. von Karl August Schleiden. München 1962

Kraus, Karl
*Offenbach*
*Operette*
In: Worte in Versen. Hrsg. von Heinrich Fischer. München 1959

Krolow, Karl
*Musik*
In: Gesammelte Gedichte 3. © 1985 Suhrkamp Verlag, Frankfurt am Main

Lasker-Schüler, Else
*Fortissimo*
*Mein blaues Klavier*
In: Werke und Briefe. Kritische Ausgabe. Bd. 1: Die Gedichte. © 1996 Jüdischer Verlag im Suhrkamp Verlag, Frankfurt am Main

Lenau, Nikolaus
*An meine Guitarre*
*Beethovens Büste*
In: Sämtliche Werke. Bd. 1. Hrsg. von Eduard Castle. Leipzig 1906

Lessing, Gotthold Ephraim
*An die Leier*
*Die Musik*
In: Gesammelte Werke. Bd. 1. Berlin/Weimar 1968

Liliencron, Detlev von
*An die Musik*
In: Werke. Bd. 1: Gedichte, Epos. Hrsg. von Benno von Wiese. Frankfurt am Main 1977

Loerke, Oskar
*Pansmusik*
In: Die Gedichte. Hrsg. von Peter Suhrkamp. © 1983 Suhrkamp Verlag, Frankfurt am Main

Mayröcker, Friederike
*Schostakowitsch*
In: Gesammelte Gedichte 1939–2003. Hrsg. von Marcel Beyer. © 2004 Suhrkamp Verlag, Frankfurt am Main

Michel, Christoph
*Benefiz-Konzert*
Originalbeitrag. © 2010 Christoph Michel, Freiburg

Morgenstern, Christian
*Der Urton*
In: Gesammelte Werke in einem Band. Hrsg. von Margareta Morgenstern. München 1970

Mörike, Eduard
*An eine Äolsharfe**
*Auf einen Klavierspieler*
In: Sämtliche Werke. 2 Bde. Bd. 1. München 1967
* Das Motto aus Horaz' Ode (Buch 2, Nr. 9) lautet in der Übersetzung von Johann Heinrich Voß: »Du trauerst endlos durch Melodien des Grams/ Um Mystes Abschied, weder wenn Hesperus/ Aufsteigt, räumt dein Geist die Sehnsucht,/ Noch wenn der Sonne Gewalt er fliehet«.

Müller, Wilhelm
*Der Leiermann*
In: Texte deutscher Lieder. Ein Handbuch. Hrsg. von Dietrich Fischer-Dieskau, München 2010

Nietzsche, Friedrich
*Venedig*
In: Werke in vier Bänden. Bd. 1. Wien 1980

Novalis
*Walzer*
In: Werke, Tagebücher und Briefe. Bd. 1. Hrsg. von Hans-Joachim Mähl und Richard Samuel. München 1978

Pfeffel, Gottlieb Konrad
*Die Flötenspieler*
In: Poetische Versuche. 5. Theil. Wien/Prag 1810

Rilke, Rainer-Maria
*David singt vor Saul*
*Gong*
*Sonette an Orpheus, I*
In: Werke in drei Bänden. Bd. 1/2. Frankfurt am Main 1966

Salis-Seewis, Johann Gaudenz von
*Abschied von der Harfe*
In: Gedichte von Johann Gaudenz von Salis-Seewis. Zürich 1839

Schaefer, Oda
*Rondo*
In: Grasmelodie: Neue Gedichte. Piper Verlag, München 1959. © 2011 Dr. Eberhard Horst, Gröbenzell

Schiller, Friedrich
*Laura am Klavier*
In: Sämtliche Werke: Gedichte. Berlin/Weimar 1980

Schober, Franz von
*An die Musik*
In: Texte deutscher Lieder. Ein Handbuch. Hrsg. von Dietrich Fischer-Dieskau. München 2010

Schubart, Christian Daniel
*An die Tonkunst*
*Serafina an ihr Klavier*
In: Sämtliche Gedichte. Bd. 2. Stuttgart 1839

Schulz, Tom
*Nachtstück*
In: Vergeuden den Tag. Gedichte. © 2006 kookbooks, Idstein/Taunus

Storm, Theodor
*Duett*
In: Sämtliche Werke: Gedichte, Märchen und Spukgeschichten, Novellen. Berlin/Weimar 1978

Stöber, August
*Die Tonleiter*
In: Deutscher Musenalmanach für das Jahr 1834. Hrsg. von A. v. Chamisso und G. Schwab. Leipzig 1834

Tieck, Ludwig
*Arion*
In: Gedichte. Erster Teil. Faksimiledruck nach der Ausgabe von 1821–1823. Heidelberg 1967

Trakl, Georg
*Musik im Mirabell*
*Passion*
*Rondel*
*Trompeten*
In: Dichtungen und Briefe. 2 Bde. Bd. 1. Hrsg. von Walther Killy und Hans Szklenar. Salzburg 1969

Uhland, Ludwig
*Die Harfe*
In: Uhlands Werke. Bd. 1. Hrsg. von Ludwig Fränkel. Leipzig/Wien 1893

Ullmann, Günter
*Jazz*
In: Schreiben in Greiz. Eine Anthologie. Hrsg. von Günter Ullmann. © 2005 Geest Verlag, Vechta-Langförden

Vischer, Friedrich Theodor
*Der Geiger*
In: Ausgewählte Werke. 8 Texte. Bd. 3. Hrsg. von Theodor Kappstein. Leipzig 1921

Waiblinger, Wilhelm
*Die Töne*
In: Werke und Briefe. 5 Bde. Bd. 1. Hrsg. von Hans Königer. Stuttgart 1980

Zuckmayer, Carl
*Chopin. Barcarole de Venise*
In: Gedichte. © 1977 S. Fischer Verlag GmbH, Frankfurt am Main